英語の語の仕組みと音韻との関係

開拓社
言語・文化選書
80

英語の語の仕組みと音韻との関係

米倉　綽
島村礼子
西原哲雄
著

開拓社

ま え が き

英語の語彙を思いつくままに挙げてみましょう。

(1) child（子供）, read（読む）, great（偉大な）

(2) civilize（文明化する）, personify（擬人化する）

(3) forgetful（物忘れしやすい）, eatable（食べられる）, governmental（政治の）

(4) impossible（不可能な）, unmovable（動かせない）

(5) good-tasting（いい味の）

(6) offload（荷を降ろす）[1]

(7) blood pressure（血圧）, darkroom（暗室）

(8) protést$_V$（抗議する）→ prótest$_N$（抗議）→ prótest$_V$（抗議のデモをする）[2]

(1) に挙げた child, read, great はこれ以上分解することのできない単純語ですが、(2) 以下はさらに細かく分解することができます。(2) の civilize は形容詞の civil に接尾辞の -ize が付加されて動詞になり、personify は名詞の person に接尾辞の -ify が付加されて動詞になっています。(3) の forgetful は動詞の forget に -ful という接尾辞が付加されており、eatable は動詞 eat に -able という接尾辞が付加されて形容詞となっています。また、

---

[1] 並木 (1985: 21–105) および大石 (1988: 96–108) 参照。

[2] Kiparsky (1982: 13) 参照。

governmental は動詞 govern に接尾辞の -ment と -al が付加されていると分析できます。この語では本来はクラス I 接尾辞の -al が先に govern に付加され，次いでクラス II 接尾辞の -ment が付加されるべきですが，-ment が先に付加されている構造になっています。このような語形成規則に違反する派生語形成をどのように説明すべきでしょうか。(4) の impossible も unmovable も否定を意味する接頭辞の in- と un- が possible と movable にそれぞれ付加しています。ここでは possible の [p] も movable の [m] もともに両唇音ですので，この音の影響で in- は im- となります。ところが，unmovable では movable の [m] が同じ両唇音なのに，un- は um- に変化していません。この違いはどのように説明できるでしょうか。(5) の good-tasting は形容詞の good と形容詞化した現在分詞の tasting が結合した複合形容詞であり，(6) の offload は不変化詞の off と動詞の load が結合した複合動詞と分析できます。(7) の例では一つが名詞 blood と pressure が結合して blood pressure となり，もう一つは形容詞 dark が名詞 room と結合して darkroom となり，どちらも複合名詞を形成しています。ただし，darkroom は「暗い部屋」という意味の名詞句の可能性もあります。日本語の場合は，複合語であれば「暗室」となり，名詞句の場合は「暗い部屋」となりますので，表記上の区別ができますが，英語の場合は表記上の区別はありません。つまり，darkroom と表記しても，dark と room を離して dark room と表記しても，「暗室」と「暗い部屋」という意味の区別はできません。この語と句の違いはどのように説明すべきでしょうか。最後に (8) の protest は一見単純語のようですが，この protest は転換の例です。つまり，動詞の protest

がゼロ形態素の付加によって名詞となり，さらにこの名詞の protest にゼロ形態素が付加されて動詞の protest となっています。この場合，最初の動詞 protest と 3 番目の動詞 protest では意味も多少異なりますが，強強勢の位置も異なっています。

　以上の説明で明らかなように，（1）の語以外はすべて形態論あるいは語形成で扱われる内容です。（4）および（8）に挙げた語については，音変化や強勢にも関係していますので，形態論だけではなく，音韻論の問題ともなります。つまり，形態論と音韻論とのインターフェイスの観点から論じられる内容を含んでいます。（7）では（複合）語（word）と句（phrase）の基本的な違いは何かという問題になります。また，（2）や（3）の場合，接尾辞の -ize, -ify, -able, -ment, -al はラテン語系の接辞ですが，-ful は英語本来の接辞です。さらに（4）では，同じ否定を意味する接頭辞でも in- はラテン語系の接辞であり un- は英語本来の接辞になります。しかも，中英語になると英語本来の接尾辞よりもラテン語系の接尾辞が多くみられるようになります。

　このような語形成に関する言語事実を検討するため，本書ではまず序章で語，形態論およびレキシコンの基本概念を述べます。第 1 章では中英語以降に多くみられる名詞を派生する接尾辞の形態と意味を明らかにします。第 2 章では，語と句の基本的相違をみるために現代英語における複合名詞に注目します。第 3 章は，序章，第 1 章，第 2 章の考察を踏まえて，語形成と音変化という観点から，形態論と音韻論とのインターフェイスについて考えることにいたします。

米倉 綽・島村礼子・西原哲雄

目　　次

まえがき　　*v*

序章　語・形態素・レキシコン ……………………………… *1*

0.1.　語とは何か　　*2*

0.2.　形態論とは何か　　*6*

0.3.　形態論の基本概念　　*9*

0.4.　形態論とレキシコン　　*10*

第1章　後期中英語における名詞派生接尾辞の形態と意味
　　　　　—ウィクリフ派英訳聖書の場合— …………………… *13*

1.1.　はじめに　　*14*

1.2.　先行研究　　*15*

1.3.　ウィクリフ派英訳聖書とは？　　*21*

1.4.　ウィクリフ派英訳聖書のテクストについて　　*25*

1.5.　接尾辞 -dom, -hede, -ing, -ness, -ship, -age, -ite,
　　　-aunce, -cioun, -ment が付加する語基　　*26*

1.6.　ウィクリフ派英訳聖書における名詞派生接尾辞　　*27*

　1.6.1.　同一接辞反復と語形変化反復　　*27*

　　1.6.1.1.　homoeoptoton が初期訳と後期訳にみられる場合
　　　　　　　　　　　　　　　　　　　　　　　　　　　　29

　　1.6.1.2.　homoeoptoton が初期訳にのみみられる場合　　*30*

　　1.6.1.3.　homoeoptoton が後期訳にのみみられる場合　　*30*

　　1.6.1.4.　polyptoton が初期訳にも後期訳にもみられる場合
　　　　　　　　　　　　　　　　　　　　　　　　　　　　31

ix

x

 1.6.2. 同義語並列 *34*

  1.6.2.1. or および ether が用いられている場合 *35*

  1.6.2.2. and による並列構造 *37*

  1.6.2.3. 同一語の反復 *40*

  1.6.2.4. 反意語並列 *42*

 1.6.3. 初例の派生名詞と接尾辞 *43*

 1.6.4. 名詞派生接尾辞の意味 *45*

  1.6.4.1. Nomina Actionis *46*

  1.6.4.2. Nomina Essendi *47*

  1.6.4.3. Instrumental Noun *49*

  1.6.4.4. Objective Noun *49*

  1.6.4.5. Locative Noun *51*

  1.6.4.6. Collective Noun *52*

1.7. まとめ *55*

第 2 章 現代形態論

  ──複合語の語彙的緊密性と名付け機能 ····················· *59*

2.1. はじめに *60*

2.2. 「形容詞 + 名詞」形複合語と「名詞 + 名詞」形複合語 *61*

2.3. 語彙化 *70*

2.4. 複合名詞の第 1 要素の分類的な機能 *72*

2.5. 語としての緊密性：語と句の区別 *78*

2.6. 名詞と形容詞の違い：類に言及するか？ *85*

2.7. 複合名詞の語彙的緊密性 *88*

2.8. 関係形容詞と性質形容詞 *90*

2.9. 3 種類の合成語：複合語か？ *101*

 2.9.1. green tea など：句強勢パタンをもつ語彙化した「形容詞 + 名詞」形 *102*

 2.9.2. women's magazine など：「属格 -'s 付き名詞 + 名詞」形 *104*

 2.9.3. political problem など：「関係形容詞 + 名詞」形 *111*

2.9.4.　まとめ　*113*
2.10.　語の形成される部門と語彙的緊密性　*114*
　2.10.1.　big car trip などの複合名詞の形成　*114*
　2.10.2.　まとめ　*119*
2.11.　複合語と名前　*120*

第3章　形態論における他の分野とのインターフェイス … *123*
3.1.　クラス I 接辞付加とクラス II 接辞付加　*124*
3.2.　語彙音韻論による枠組み　*129*
3.3.　語彙層の数について　*133*
3.4.　順序付けのパラドックス　*137*
3.5.　音律音韻論　*141*
3.6.　単語のレベルの意味素性の連続による制約　*163*

おわりに ………………………………………………… *167*

参考文献 ………………………………………………… *171*

索　　引 ………………………………………………… *181*

序　章

語・形態論・レキシコン

0.1. 語とは何か

　いつも，私たちが何も考えずに，「語」ということばを使ったり，耳にすることはよくあることです。しかしながら，「語とは何か」と質問されることがあれば，どのように答えることができるでしょうか？「語」と呼ばれるものを，的確に，そして明快に定義することはかなり難しいことかもしれません。ただ，あえて定義をすれば，「語」とは「言語を構成している基本的な単位であり，言語において，独立して現れることが可能で，途中での分割が不可能であり，かつ何らかの意味を担う単位」ということになりましょう。

　この「語」という単位をさらに分析すると，単純語（simple word）と合成語（complex word）に分けられます。単純語とは teach, school のように派生や複合のプロセスを受けていない語のことです。合成語はさらに派生語（derivative/derived word）と複合語（compound）に分けられます。

　派生語とは teacher（教師）のように単純語 teach に派生接辞（derivational affix)-er が付加されて生じた語を指します。派生接辞には接頭辞（prefix）と接尾辞（suffix）があり屈折接辞とは区別されます。接頭辞とは，unkindness（不親切）を例にとれば，un- が接頭辞で -ness が接尾辞となります。接頭辞は普通品詞を変えることはありませんが接尾辞は品詞の変更に関与します。ここにあげた接頭辞 un- は形容詞の kind に付加されて unkind（不親切な）になりますが，unkind はやはり形容詞のままです。ところが，接尾辞の -ness は形容詞の unkind と結合すると名詞 unkindness を生じます。

また，派生接辞にはクラス I 接辞とクラス II 接辞があります。ここにあげた unkindness の場合，un- も -ness もクラス II 接辞です。いっぽう，infinite（無限の）の in- や curiosity（好奇心）の -ity はクラス I 接辞となります。クラス I 接辞とクラス II 接辞を区別する根拠の一つは第 1 強勢の移動に関するものです。つまり，unkindness では unkínd も unkíndness も強勢移動は生じていませんが，infinite では fínite に in- が付加されて ínfinite に，curiosity では cúrious に -ity が付加されて curiósity となり，強勢移動が見られます。

　派生接辞と同じように接辞（affix）と呼ばれる屈折接辞は文法的相違にのみ関与する接辞です。たとえば，John loved Mary. における loved は動詞の love に屈折接辞の -ed を付加させて過去時制を示しているに過ぎません。

　いっぽう，複合語とは schoolboy（男子生徒）のように二つ以上の単純語から成っている語や，entrance examination（入学試験）のように，派生語（entrance は動詞の enter に接辞の -ance が付加された語であり，examination は動詞の examine に接辞の -(t)ion が付加された語）が結合されて生じた語を意味します。

　また，派生語や複合語の構成要素は語基（base），語根（root），語幹（stem）と呼ばれます。[1] 語根とは語から派生接辞と屈折接辞を取り除いた要素であり，singers を例にとれば，派生接辞の -er と屈折接辞の -s を省いた残りの sing が語根となります。また，schoolboy を例にとれば，school と boy がそれぞれ語根になります。語幹とは語から屈折接辞を取り除いた要素のことです

---

[1] Bauer (1983: 20–21) および米倉 (2006: 187) を参照。

から，singers では singer が語幹になり，schoolboy では schoolboy そのものが語幹となります。語基とは接辞付加——屈折接辞であれ派生接辞であれ——を受ける要素を指しますから，singers でいえば -er 付加を受ける語基は sing であり，-s 付加を受ける語基は singer ということになります。

さらに，派生語および複合語を構成している要素相互の意味的関係に注目した場合，規定要素（determinant）あるいは被規定要素（determinatum）という用語が用いられることがあります。[2] たとえば，派生名詞である teacher でいえば，「～の人」を意味する接尾辞 -er は「教える」を意味する動詞の teach によって，すべての「人」を指すのではなく，「教える人」（＝先生）という意味に規定されています。つまり，teach は -er の意味範囲を限定している規定要素です。いっぽう，-er は teach によって意味範囲を限定されているので被規定要素となります。複合語の場合はどうでしょうか。複合名詞の rainbow（虹）を例にとれば，bow は「弓形のもの」という意味ですが，単に「弓形のもの」一般を指すのではなく，rain（雨）によってできる「弓形のもの」に制限されています。つまり，rain は bow の意味範囲を規定しています。したがって，rain は規定要素であり，bow は被規定要素となります。

さらに，語の意味については，語彙素（lexeme）（または語彙項目（lexical item））という単位を示す用語が用いられることがあります。一般的に，語彙素とは，屈折（語尾）を除いた抽象的な単位や，一つの意味を持つ単位と考えられています。たとえ

---

[2] Marchand (1969: 3) を参照。

ば，前者では，He {likes} it., He {liked} it., He has {liked} it. のような例で，{ } の語は本来一つの語ですが，実際の条件によって違った形式で現れていると理解して，その実際に現れた形式の背後には抽象的な意味における「一つの語」が存在すると解釈されます。つまり，3人称・単数・現在形の likes, 過去形の liked, 過去分詞形の liked は，抽象的な語彙単位である like がそれぞれの文法条件によって具現化した形となっています。この抽象的な語彙単位である like が語彙素です。このような考え方は Matthew（1974）や Lyons（1968）にしたがった考え方であり，この場合，語彙素は通常，(LIKE) のようにスモールキャピタルによって表示されます。

　一方，後者の解釈でいうところの「一つの意味をもつ単位」とは，一つの意味と直接的に結びつく単位を語彙素と規定しようとしたものであり，多くの場合1語で1語彙素という関係性が成立することになります。しかしながら，take part in（〜参加する）のように複数の語から成っているものも1語彙素と解釈されます。これは take part in が，意味的なまとまりが強く一つの独立した要素と考えられるからです。

　以上では，語との関連で，語よりも小さな単位と考えられる接辞による派生語や語が二つ以上結合して形成される複合語について簡単にみてきました。このような言語単位は主に形態論という分野で論じられます。そこで以下では形態論とはいかなる研究分野であるかをみていきます。

0.2. 形態論とは何か

　形態論（morphology）とは，それぞれの言語における語の内部構造を構築している要素がどのようにして組み合わされるのが可能であるかという事を取り扱う言語研究の一部門です。ここで使用されている「形態論（morphology）」という専門用語は，もともとは言語学の用語として使用されていたものではなく，ドイツ人で詩人・作家・劇作家としてかの有名なゲーテ（Johann Wolfgang von Goethe（1749–1832））によって生物学上の用語として使用され始めたのが最初とされており，19 世紀になって言語学の用語として借用され，使用されるようになったものです。したがって，言語学の専門用語であるという事を明確にしたい時には，linguistic morphology というような表現を用いることがあります。

　形態論は一般的に屈折形態論（inflectional morphology）と派生形態論（derivational morphology）という二つの部門から成っています。屈折形態論はある語が文中の他の語とどのような文法関係にあるかを示すために生じる屈折変化を扱う分野です。派生形態論は語形成とも呼ばれる分野で，派生（derivation）および複合（compounding）から成っています。新語の形成に関わります。一方，屈折（形態論）とは語が文中の他の語との文法関係を示すために語形を変化させることをいいます。これらの二つの部門では，どのような要素がどのように組み合わさり，どのような語が構築されるのかという事を扱うものです。基本的には，語よりも小さな単位を取り扱う部門であり，語よりも大きな単位である句や文において，語と語がどのように結合させられているのか

序章　語・形態論・レキシコン　　7

を扱うのは統語部門であるといわれています。

　形態部門では，文法体系全体において，語よりも小さな単位を取り扱うため，Chomsky（1965）を中心とする初期の生成文法理論（generative grammar）では，形態部門は統語部門などとは異なり，自立的な部門とは見なされておらず，音韻部門の一部に組み込まれていました。それゆえ，形態部門は文法体系において，他の音韻部門や統語部門とは別に独立して存在しているというものではなく，相互に影響を与え合うようなモジュール体系（module）をなしていると考えられます（西原（1994）を参照）。

　さらに，形態部門はレキシコン（lexicon）と呼ばれる語彙目録[3]と語を形成する規則である語形成規則（word-formation rule）の集合体から成っています。レキシコンには，語を生産するために必要な語基や接辞などが登録されており，語形成規則によって生産された新しい語もまたレキシコンに登録されることになっています。このような事実から明らかなように，形態部門で構築された語というものはある一定の構造を持っていると考えられます。したがって，語は文を構成する最小の単位である考えられているのですが，語の内部構造というものを詳細に分析すると，さらに小さな単位の要素に分割できることになります。たとえば，以下に挙げる（1）の単語群をご覧ください。

　（1）　girl / girls / girlish / girlfriend

ここに挙げた四つの語はいずれも "girl" という語の要素を含ん

---

　[3]　レキシコンについては本章の 1.4 節でさらに言及しますが，2.2 節でも詳しく述べます。

でいることが分かります。つまり，これらの語の関連性は次のように示すことができます。

(2) 〈基本語〉　　　　　　　　〈関連語〉
　　　girl　　　　　　　　　 girls / girlish / girlfriend
　　　　　　　　　　　　　(girl + s / girl + ish / girl + friend)

girls, girlish, girlfriend という三つの関連語は，girl という基本語にそれぞれの異なった別の要素が付加されています（girl + s / girl + ish / girl + friend）。したがって，girls, girlish, girlfriend という語は，girl という基本語に基づいて構成されているということが分かります。また，(3) にあげた unuseful という語は，un- という接頭辞，-ful という接尾辞，use という語基から成り立っています。

(3)　unuseful → un- + use + -ful

(3) のような，語を構築させている要素の種類，それらの要素の組み合わせの仕組みおよび語の内部構造がどのようになっているのかを明示することも，形態論で扱われる内容の一つです。したがって，(3) で示された unuseful という語では un- も -ful もクラス II の接辞ですが，この派生語の内部構造は直線的に横一列に形態素（un- と -ful）が結びついているものとは考えられません。その理由はそれぞれの派生接辞が次に示すような制約をもっているからです。

(4) a.　un-：形容詞に付加される（un- + 形容詞）
　　 b.　-ful：名詞に付加される（名詞 + -ful）

(4) は，接尾辞 -ful は名詞である use に付加可能であるが (useful)，接頭辞 un- は名詞である use に付加されない (*unuse) ことを示しています。これは (3) で示されたような直線的構造表示が不適格であることを意味しています。つまり，接尾辞 -ful が名詞である use と結合して，形容詞である useful を形成したのちに，その形容詞に接頭辞 un- が付加されると考えると，(3) で見たような語の直線的な内部構造ではないことが的確に説明できます。したがって，unuseful は (4) に見られるような制約を満たしたうえで，(5) に示すような階層的構造を持っている語であることが分かります。

(5)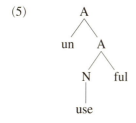

0.3. 形態論の基本概念

形態論の基本的概念としては，語を分析する時に，文法形式の最も小さな単位である形態素 (morpheme) と呼ばれる単位が存在します。形態素とは，意味を持つ最小の要素であり，これ以上は小さく分析することができない最小の文法単位であると考えられています。たとえば，unhappiness という語では，un-, happy, -ness はそれぞれ形態素であり，これらの形態素が，複合 (compounding)，派生 (derivation)，および屈折 (inflection) の

作用を受けることになります。

　また，語基と語基の組み合わせによる構成物は複合語と呼ばれています。Bloomfield（1933）は複合語を以下の二つに分類しています：「複合語の全体の意味が複合語を構成している要素の一種である判断される例とそのようには判断できない例の二つである。」たとえば，steamboat（蒸気船）は boat（船）の一種であり，blackboard（黒板）は board（板）の一種です。このような複合語は内心複合語（endocentric compound）と呼ばれます。いっぽう，複合語には pickpocket（すり），turnkey（看守）のような複合語があります。これらの複合語では，pickpocket は pocket（ポケット）の一種であり，turnkey は key（鍵）の一種であるとは言えません。このような複合語は外心複合語（exocentric compound）と呼ばれています。これらの２種の複合語では，一般に内心複合語のほうが外心複合語よりもその数が多いと言えます。

0.4.　形態論とレキシコン

　語および語を構成する複数の形態素がその諸特性と一緒に記載されている部門をレキシコン（またはメンタルレキシコン）といいます。つまり，レキシコンとは母語話者が頭の中に持っている語彙的情報が記載されている心的辞書を意味します。したがって，辞書といっても，我々が日常的に使用している学習辞書の類とは異なります。

　初期の生成文法理論では，レキシコンを含む形態部門は自立的な部門とは見なされておらず，音韻部門の一部のように扱われていました。しかしながら，Halle（1973）をはじめとする形態部

門の自立性を認める論文が発表されて以来，さまざまな論考がなされ，生成形態論（generative morphology）の主張，提案が受け入れられるようになりました。

　語形成がレキシコンで行われるという場合には，伝統的に派生と屈折が明確に区別されるという考えがあり，Anderson（1982）などでは文法部門における派生と屈折の区別を一貫して主張しており，屈折は派生から分離されるべきであり，「屈折形態論は統語論との関わりによるものである」（Anderson（1982：587））と述べています。すなわち，これは文法体系においては，派生は語彙部門で，屈折は統語部門で別々に処理されることを示唆しています。この考え方を Perlmutter（1988: 79）は分離形態論仮説（split morphology hypothesis）と呼んでいます。

　この考え方に従えば，屈折形態論はかならず派生形態論の周辺的位置に生起するものであり，（規則的）屈折は派生に対する入力になることはできないということになります。しかしながら，Booij（1993: 27）などは，実際には屈折が語形成（派生と複合）の入力となると指摘し，内在的屈折（inherent inflection）と文脈的屈折（contextual inflection）の二つの区別化を提案しています。

　内在的屈折とは，屈折形の決定に関して統語論的文脈の情報を必要とはせずに表示可能な屈折を示し，動詞の時制や相を決定する屈折要素などの事を示しています。一方，文脈的屈折とは，統語的情報の要素との関係によって決定される屈折であり，名詞の格表示，主語などと呼応する動詞の人称や数の表示などを指します。

　つまり，内在的屈折という設定によって実際には屈折が語形成（派生と複合）の入力となるという事実を的確に説明でき，（規則

的）屈折は派生の入力にはなることができないとする分離形態論仮説は不適切であることも指摘することになります。

　上記のような考え方がある一方で，Bybee (1985: 5) は，派生と屈折の区別というものは，先に述べた理論などが主張するほど，明確なものではなく，程度の問題，すなわち，派生と屈折の区別は「段階的・漸進的 (gradual)」であると述べています。Sproat (1993) の主張も基本的にはこの Bybee (1985) の考え方を支持しています。

　これらの枠組みとは別に，影山 (1993: 322-323) で提唱されているモジュール形態論 (modular morphology) について簡単に述べておきます。この理論は，語形成は一つの特定の文法部門ではなく，複数の文法部門において可能である，とするものです。つまり，この考え方では，統語部門と形態部門のいずれにおいても語形成が可能であり，語彙的な語形成，統語的な語形成の両者を認め，それぞれの部門の共通性や相違点を認めたものとなります。[4] また，影山 (1989: 60-92) では，統語部門の語形成，形態部門の語形成のほかに，音韻部門での語形成も許容されるとしています。この主張は語形成と音韻論とのインターフェイスを考える上で，注目すべき枠組みであるといえます。

　最後に，谷口 (2018: 151) は，単語の形成を取り扱う形態論の分野に，構文文法的アプローチを援用した理論として Booij (2010) などがあると指摘しています。この枠組みは，構文形態論 (construction morphology) と呼ばれており，今後さらなる進展が期待できます。

---

　[4] 影山・由本 (1997) ではモジュール形態論の実践例が詳しく論じられています。

第1章

後期中英語における名詞派生接尾辞の形態と意味
—ウィクリフ派英訳聖書の場合—

1.1. はじめに

　英国の歴史で最も大きな事件が 1066 年に起きました。ノルマン人による英国征服（Norman Conquest）です。この事件はそれまでの英語の性格を大きく変えることになりました。特に英語の語彙に重要な影響を及ぼしました。古英語（Old English）の語彙の多くが消失しフランス語およびラテン語系の語彙が英語に流入したのです。

　古英語における語彙は，主に英語の本来語である構成要素を組み合わせて形成する複合語（compound）と接頭辞（prefix）あるいは接尾辞（suffix）による派生語（derivative）からなっています。この複合と派生による語彙拡大は中英語（Middle English）以降も変わりませんが，ノルマン人による英国征服により大量のフランス語が流れ込むことにより，複合語の形成力は弱くなり，古英語以来の接頭辞や接尾辞も廃れることになります。ただし，英語本来の名詞派生接尾辞のなかで -dom, -ship, -hood, -ness は中英語以降も使われています。そして，後期中英語（Late Middle English）では，これら以外の名詞派生接尾辞としてはフランス語およびラテン語系の -ity, -ment, -ion, -age, -ence / -ance などがみられるようになります。なお，フランス語からの新しい借入語は最終的にはラテン語に由来しているため，ノルマン人による英国征服によるフランス語の流入をラテン語の影響の第 3 期と考えることもできます。現にウィクリフ（Wyclif）と彼の仲間は約 1000 以上のラテン語の単語を英語にもたらしたと考

えられています。[1] これらのラテン語の多くはウィクリフ派英訳聖書 (The Wycliffite Bible) によるところが大きいのです。

そこで，本章ではこのウィクリフ派英訳聖書に用いられている名詞派生接尾辞に焦点をあてて英語本来の接尾辞と借用接尾辞が英語の語彙拡大にいかなる働きをしているかをみてみます。なぜウィクリフ派英訳聖書なのかについては以下の先行研究を紹介するなかでさらに明らかにします。

1.2. 先行研究

ここでは主に中英語の接尾辞を論じている研究を中心にその概要を述べます。

まず，Zbierska-Sawala (1993) は初期中英語の *Saint Juliana*, *Hali Meðihad*, *Ancrene Wisse* という三つの作品における ed-，to-，under- などの接頭辞の他に名詞を派生する -ere，-ness，-ship などの接尾辞の分析可能性 (analyzability)，意味の透明性 (semantic transparency)，そして生産性 (productivity) を Langacker (1987) の認知文法 (cognitive grammar) の理論的枠組みを用いて明らかにしようとしています。たとえば，接辞の意味を PERSON, ACTION, THING, ENTITY, PLACE （大文字表記は抽象的な意味特徴を表しています）のような一次的な認知概念 (primary cognitive concepts) と二次的な関係を示す概念 (secondary relational concepts) に基づいて表します。この関係範疇は一次的な認知概念が互いに交差する場合に生じます。

---

[1] Baugh and Cable (2009: 184) を参照。

したがって，行為者（agent）は PERSON と ACTION の間に介在する関係範疇あるいは ACTION を介して PERSON との間に介在する関係範疇であり，道具（instrument）は ACTION と THING を関係づける範疇となります。

Dalton-Puffer（1996）は 1150 年から 1420 年の中英語を ME1（1150–1250），ME2（1250–1350），ME3（1350–1420）の 3 期に分けて，ヘルシンキ・コーパスに基づいて，フランス語が中英語の接尾辞付加による派生語形成にどのような影響を及ぼしているかを考察しています。接尾辞の表す意味を「行為・行動」，「特性・特質」，「道具」，「物」，「場所」，「集合体」に分けて，英語本来の接尾辞と借用接尾辞の意味を分析しています。たとえば，後期中英語では -ness の意味は「特性・特質」に特化し，これに対して借用接尾辞の -ite, -aunce, -cioun などがこれまで -ness が負っていた意味を担うことになります。また，形態的にみると，中英語期は語幹（stem）から語（word）を中心とする語形成になる過渡期であったとしています。たとえば，declaracioun（言明）を例にとってみましょう。前の部分の declar- は不定詞語尾の *-en* を付加されることによって動詞 declaren（明らかにする）として用いられて中英語に流入しました。やがて，この不定詞語尾 *-en* が消失して，語となった declar に名詞を派生する接尾辞 -cioun が付加されて declaracioun が生じたのです。したがって，declaracioun は歴史的には declar という語幹から形成された派生語ということになります（Dalton-Puffer（1996: 31））。いっぽう，pilgrimage（巡礼の旅）は語である名詞 pilgrim（巡礼の旅をする人）にさらに名詞を形成する接尾辞 -age が付加された派生語と分析されます（Dalton-Puffer（1996: 99））。

第 1 章　後期中英語における名詞派生接尾辞の形態と意味　　17

　Palmer（2009）は，-age，-ite，-cioun，-ment のような借用
接尾辞が英語においてどのようにして生産的な接尾辞になったか
を，ギルド文書（guild records），ウィクリフ派英訳聖書（The
Wycliffite Bible），チョーサー（Chaucer）などの脚韻詩，医学テ
クスト（medical texts），書簡集などを調査・分析して，考察し
ています。この学位論文で，彼女は，ほとんどの接尾辞の使用は
新造語あるいは新しいハイブリッド（hybrid）[2] ではなく，ラテン
語やフランス語からの借用語によるものであるから，使用頻度の
みで生産性を判断することはできないと主張しています。このこ
とを検証するために，Palmer（2009: 259）は，一部の読者に限
られている医学テクストや書簡集よりも，多くの人たちに読まれ
ることを前提にしているチョーサーやガワー（Gower）の作品お
よびウィクリフ派英訳聖書に注目しています。

　Lloyd（2011）も 1150 年から 15 世紀までの中英語に流入した
名詞を派生するラテン語系の五つの接尾辞（latinate nominal
suffixes）-ment，-ance / -ence，-ation，-age，-al の生産性，分析
可能性，そして意味を考察しています。Zbierska-Sawala（1989:
93-94）や Dalton-Puffer（1992: 476-477）でも派生語の分析可
能性が論じられていますが，Lloyd（2011: 3）はある語がその単
純形（simplex form）よりも先に現れているか単純形よりも後に
現れているかという点から分析可能性を論じています。たとえ
ば，commaundement（命令）は c1250 に見られますが，単純形

---

　[2] ここでのハイブリッドとは，異なる言語の要素から形成された派生語の
ことです。たとえば，falsehood（虚言）は古フランス語の fals にゲルマン語
系の接尾辞 -hood が付加されて形成された派生名詞です。

の command（v.）（命令する）は a1300 が初例とされています。[3]
したがって，フランス語の commandement は command よりも
先に英語に流入したことになります。いっぽう，avauncement
（前進）は c1297 に，avaunce（v.）（前進する）は c1230 に現れて
いるので，単純形の avaunce が先に英語に流入したことになり，
avauncement は avaunce + -ment と分析できることになります。
そして，もし -ment 派生語でこの分析可能性が高くなれば，
-ment は生産性の高い接尾辞となります。このようなことを前提
として，五つの接尾辞からなる派生語を分析可能な名詞（analyz-
able nouns）と分析不可能な名詞（unanalyzable nouns）に分け
て，これらの派生語の意味（動作主（agent），行為（action），状
態・結果（result / state），特質（quality），道具（instrument），物
（object）など）を明らかにしています。

　以上のようなラテン語系の借用接尾辞の研究に対して，Trips
（2009）はすでに古英語期から見られる抽象名詞を派生する接尾
辞 -hood, -dom, -ship が現代英語にいたるまでのどのような意味
的変化をしてきたかを論じています。これらの接尾辞は本来は自
由形態素（free morpheme），つまり名詞でした。-hood は「境
遇，状態，特殊な性質」，-dom は「権限，状態」，-ship は「状態，
地位，性質」の意味で名詞 + 名詞あるいは形容詞 + 名詞という複
合語（compound）の第 2 要素として用いられていたのです。と
ころが複合語として頻繁に使われるようになった結果，徐々に派

---

　[3] ここで用いられている記号 c（= circa）は「およそ」の意味であり，a（=
ante）は「前」の意味です。したがって，c1250 とは「1250 年を中心として
20 年前後」のことであり，a1300 とは「1300 年より前であるが，多分 1300
年より早いということはない」という意味になります。

生接尾辞として再分析されたのです。たとえば，Trips (2009: 1)
からの次の例をみてみましょう。

þæt he þær onfenge **ærcebiscopes hade**

(that he there received archbishop's office)

（彼はそこで大司教の職を受けました）

この例では名詞 hade （＝office）の前に ærcebiscopes （＝arch-
bishop's）という名詞の属格形が置かれて，名詞 *hade* を修飾す
る統語構造になっています。このような統語構造がしばしば用い
られる過程で名詞 *hade* は接尾辞として再分析されたのです。こ
のプロセスを図示すると以下のようになります。

morpheme	→	compound	→	derivative
OE *hade*		ME *child hod*		ModE *childhood*

　なお，このようなプロセスが文法化（grammaticalization）と
いえるかどうかという点について，Hopper and Traugott (2003:
58) は -hood, -dom, -ship のような接尾辞の発達は語彙化（lex-
icalization）の一つであるとしています。接尾辞になっているの
は文法（grammar）に基づくものではなく意味（lexicon）に基づ
くものだからというのがその理由です。いっぽう，Hopper and
Traugott (1993: 130) はラテン語系の接尾辞 -ment, -ance/
-ence, -ation, -age, -al は新たな文法的形式（つまり，動詞に
付加して名詞を派生する）を生じるので文法化の例であるとして
います。

　以上で主な研究を紹介してきましたが，すでに述べたように，
Palmer (2009: 88) は借入された派生接尾辞のこれまでの研究の

特徴として「大規模なもので量的な資料に頼るものであった」とし，「質的な資料」の分析が必要であると言っています。この意味で彼女は調査した資料のなかでもチョーサーやガワーのような脚韻詩作品やウィクリフ派英訳聖書における接尾辞に注目しています。特に，広く大衆に読まれているウィクリフ派英訳聖書における接尾辞を考察することは有意義であると述べています。

　ただ，ウィクリフ派英訳聖書には初期訳（Earlier Version）と後期訳（Later Version）の2種類があるのですが，Palmer (2009) はこの区別をせずに論じています。後期中英語における接尾辞の形態と意味の特徴を明らかにするには，初期訳と後期訳，両方の訳を区別して考察することが重要と考えます。それは，次に述べますように，ウィクリフ派英訳聖書がその後の英語の発達に大きな役割をしているからです。そこで，本章ではこの2種類の訳を考慮しながら，ウィクリフ派英訳聖書にみられる名詞派生接尾辞に焦点をあてることにします。

　チョーサーの写本（manuscripts）は約80点ほどですが，ウィクリフ派英訳聖書の写本は約230も確認されています。[4] このことからもウィクリフ派英訳聖書が「広く大衆に読まれていた」ことは確かでしょう。さらに，『中英語辞典』(*Middle English*

---

[4] Lindberg (1970: 333–347) を参照。また，チョーサーの The Canterbury Tales 'The Man of Law's Tale' には次の文が見られます：

　　I smelle a Lollere in the wynd (MLT 1173)

　　（風にロラードの臭いがする）

この Lollere とは 'Lollard' (lollere の原義は中世オランダ語の lollaert (= mumbler「祈りをぶつぶつ唱える」) のことで，ウィクリフの教義に従った人たちのことです。したがって，「ロラードの臭い」とは当時の一般大衆の多くがウィクリフ派英訳聖書を読んでいたことの証と考えられます。

第1章　後期中英語における名詞派生接尾辞の形態と意味　　21

Dictionary）がチョーサーの作品からの引用と同時にウィクリフ派英訳聖書からも多くの例文を引用しているという事実は，ウィクリフ派英訳聖書が言語学的に極めて重要な言語資料であることを証明しているといえます。

1.3.　ウィクリフ派英訳聖書とは？

　名詞派生接尾辞の調査・分析に入る前に，ウィクリフ派英訳聖書の言語学的意義についてもう少し詳しくみておきます。ウィクリフ派英訳聖書は 14 世紀後半にラテン語の聖書ウルガタ（The Vulgate）から英語に訳されたイギリスで最初の完訳聖書です。この聖書には初期訳と後期訳という 2 種類の版があります。初期訳といわれている版は，その大部分はウィクリフの弟子であるニコラス・ヘリフォード（Nicolas Hereford）によって訳されたと考えられています。ただ，この初期訳はウルガタのラテン語にあまりにも忠実に翻訳されたため，当時の英語からかなりかけ離れており分かりにくい内容でした。そこで，ウィクリフの親友であり弟子であったジョン・パーヴェイ（John Purvey）によって初期訳が改訂されました。これが後期訳と呼ばれる版です。

　ところで，ラテン語が読めない一般大衆[5]のために英訳された初期訳がなぜ当時の英語を反映していないのか，それほど粗悪な英語だったのかという疑問が出てきます。中世期のイギリス人た

---

[5]「一般大衆のため」ばかりではなく，教会の修道士たちのためでもありました。14 世紀のイギリスでは教会の修道士らの堕落はひどくラテン語の読めない者が多くいたのです。チョーサーやラングランド（Langland）の作品にはこの修道士らの堕落ぶりが描かれています。

ちは，ラテン語聖書ウルガタに書かれている文字は神そのもので
あると信じていましたので，その文字を触るということは神を冒
瀆するものと考えていました。[6] このため，ウィクリフもヘリ
フォードも英訳をするにあたっては，「何も省略せず必要以上の
ことを付け加えず原典に極めて正しく忠実に訳すこと」（"a
strictly true and faithful rendering which omits nothing and
adds only what is necessary"(Lindberg 1969: 93)）に苦心しまし
た。[7]

これに関連して Hudson（1986: 93）は次のように言っていま
す：

> The unsatisfactory nature of the version [= the Earlier
> Version] was evidently perceived by the translators, …
> English word order was to be followed, vocabulary was
> to be that of current contemporary usage as far as possi-
> ble; …
>
> （初期訳が不満足なものであることはその翻訳者たちは明らかに
> 気づいていた。… 英語の語順にできるだけ従い，語彙も当時の用
> 法にできる限り従うつもりだったはずだ）

---

[6] このことは Lindberg（1984: 103）の "To be sure that nothing of the
word of God was perverted, a literal rendering of the text was imperative."
（神の言葉を確実に誤解されないようにするには，原典を文字通りに訳すこと
が絶対であった）という指摘からも明らかでしょう。

[7] Dove（2007: 137）も "Fully aware of the dissimilarities between Latin
and English, the Wycliffite translators must have been highly conscious of
the difficulty of producing a literal translation."（ウィクリフ派の訳者たちは
ラテン語と英語の相違に十分気づいており，逐語的な翻訳の難しさを十分に
意識していたに違いない）と述べています。

第1章　後期中英語における名詞派生接尾辞の形態と意味　　23

　以上のような指摘からも明らかなように，初期訳は当時の一般信徒には難解であったために，パーヴェイはウィクリフの死後初期訳の改訂版にあたる後期訳の作業に着手しました。パーヴェイの翻訳方針は後期訳に付された General Prologue に具体的に記されています。たとえば，次の文をみてみましょう。

> First it is to knowe, that the best translating is out of Latyn into English, to translate aftir the sentence, and not oneli aftir the wordis, ... (Forshall and Madden (1850: 57))
>
> （まず心得るべきことは，ラテン語を英語に訳す最も良い方法は単に単語に従って訳すのではなく文 [＝意味] に添って訳すことである）

これがどのような意味なのかを具体的にみてみましょう。

(1)　Gen[8] 1.10

　　　EV: the gaderyngis of watris he clepide, sees

　　　LV: he clepide the gadryngis togidere of watris, the sees

　　　Vu: congregationesque aquarum appellavit maria

　　　　　（彼 [＝神] は水の集まったところを海と呼ばれた）

初期訳では動詞 clepide （＝called） の目的語である the gaderyngis of watris （＝the gathering of waters） が clepide の前に置か

---

[8] ウィクリフ派英訳聖書の各書の省略表記は Forshall and Madden (1850) の Glossary の表記によります。

れています。ウルガタでも英語の the gaderyngis of watris に相当するラテン語の congregationesque aquarum が動詞の appellavit（＝[he] called）の前にきています。いっぽう，後期訳では目的語の the gadryngis togidere of watris は動詞 clepide の後ろに置かれています。つまり，「動詞＋目的語」の語順になっているので意味が分かりやすくなっています。もう一つみてみましょう。

(2) John 2.3

EV: wyn faylinge, the modir of Jhesu seide to him

LV: whanne wijn failide, the modir of Jhesu seide to hym

Vu: deficient vino dicit mater Iesu

（ぶどう酒が足りなくなったので，母はイエスに言った）

ここでは，初期訳の wyn faylinge（＝wine running out）はラテン語の分詞 deficient vino（＝running out wine）を直訳した形で，英語の独立分詞構文となっています。後期訳では whanne 節で主語（wijn）＋動詞（failide）の構造になっており，理解しやすくなっているといえます。[9]

以上の例では統語法について述べましたが，Lindberg（2005: 191）も指摘しているように，語彙の選択にも両方の訳には違いがみられます。これについては第6節で詳しくみていきます。

---

[9] ウィクリフ派英訳聖書の初期訳と後期訳における統語構造の相違をラテン語聖書ウルガタのラテン語と比較しながら詳細に論じた研究については Yonekura（1985）を参照。

もう一つ重要なことは，初期訳と後期訳の制作年です。これについては，Forshall and Madden (1850: xvii & xxiii) と MED (Plan an Bibliography) が初期訳は「1382年」，後期訳は「1395年」としています。本章ではこの制作年に従うことにします。

1.4. ウィクリフ派英訳聖書のテクストについて

歴史的観点から言語を調査する場合は，どのような校訂本を使用するかが極めて重要になります。そこで，本章で用いるテクストの Forshall and Madden (1850) について簡単に述べておきます。すでに記したようにウィクリフ派英訳聖書には約230の写本が現存しますが，Forshall and Madden (1850) で用いられている写本は次のようになります。

旧約聖書 (The Old Testament)
　　初期訳：Corpus Christi College Oxford
　　　　　　Bodleian Library Douce 370
　　　　　　Bodleian Library Douce 369
　　　　　　British Museum 1 B. 6
　　後期訳：Old Royal Library British Museum 1 C. 8
新約聖書 (The New Testament)
　　初期訳：British Museum 1 B. 6
　　後期訳：Old Royal Library British Museum 1 C. 8

つまり，初期訳の場合は，旧約聖書と新約聖書では写本が異なりますが，後期訳の場合は，旧約聖書も新約聖書も同一の写本から編纂されています。ウィクリフ派英訳聖書にはオリジナルの写本

は存在しませんが，Forshall and Madden (1850: xvii) は MS. Bodley 959 が "original copy of the translator" に最も近い写本だと言っています。この写本によるテクストには Lindberg (1959–1973) がありますが，これは初期訳のみです。したがって，本章では初期訳および後期訳のすべてが収録されている Forshall and Madden (1850) を用いています。

1.5. 接尾辞 -dom，-hede，-ing，-ness，-ship，-age，-ite，-aunce，-cioun，-ment が付加する語基

　本章で取り扱う接尾辞が付加する語基について簡単にみておきます。まず，接尾辞 -dom，-hede，-ship ですが，これらの接尾辞は名詞および形容詞に付加します（たとえば，kingdom, freedom, knighthood, falsehood, fellowship, hardship）。接尾辞 -ness は形容詞に付加します（たとえば，happiness）。接尾辞 -aunce は動詞および形容詞に付加します（たとえば，existence, abundance）。接尾辞 -ite は形容詞と結合します（たとえば，curiosity）。接尾辞 -age は名詞および動詞と結合します（たとえば，orphanage, coverage）。接尾辞 -cioun は主に動詞に付加します（たとえば，possession）。接尾辞 -ment は主に動詞に付加します（たとえば，agreement）。最後に接尾辞 -ing ですが，これについては多少説明を加えます。中英語では -ing[10] は動詞と結合して動

---

　[10] -ing の古英語の形は -ung ですが，-ung 形は 1250 年ころまでに消滅しました。また，他の接尾辞にも異形が存在しますが，説明の便宜上 -aunce （または -ence），-cioun，-hede，-ness，-ite，-dom，-ship を用いることにします。

詞的名詞（verbal substantive）（たとえば, cleaning, closing）を形成するという新しい機能を発展させました。[11] したがって，MED では -ing 形の語を gerund（動名詞）としていますが，OED は vbl.n.（= verbal noun）（動詞的名詞）としています。ただ，本章では -ing 形の統語的な問題[12] を取り上げているわけではありませんので，-ing は主に行為・動作を表す名詞を派生する接尾辞といたします。

1.6. ウィクリフ派英訳聖書における名詞派生接尾辞

この節では，（1）同一接辞反復と語形変化反復，（2）同義語並列，（3）初例の名詞派生語と接尾辞，（4）接尾辞の意味，という四つの観点から初期訳と後期訳にみられる名詞派生接尾辞を考察します。

1.6.1. 同一接辞反復と語形変化反復

ここでは同一接辞反復（homoeoptoton）と語形変化反復（polyptoton）の観点から名詞派生接尾辞の使われ方を分析します。まず，次の引用をみてみましょう。

(1)　Therinne ben discryued the meedis of good men, the peynes of yuel men, the techinge of verey penaunce, the wexinge in riȝtwise lif of actif trewe men, … the **perfectioun** of holi men, the **meditacioun** of hem that

---

[11] Marchand (1969: 302-305) を参照。

[12] 統語的な問題を詳しく論じている研究には Nagano (2010) があります。

ben **contemplatif**, and the greet ioie of **contempla-cioun** (Prologue to *The Wycliffite Bible* [Forshall and Madden（1850: 40）])

（そこには善人の精神的報奨，悪人の苦しみ，贖罪の教え，善人の健全な生活のなかでの成長，聖人の悟り，瞑想に耽る人たちの瞑想，瞑想の大きな喜びが記されている）

この例で，Palmer（2009: 161）は perfectioun, meditacioun, contemplacioun は同一接辞反復（homoeoptoton）によって並列されており，contemplatif と contemplacioun は語形変化反復（polyptoton）[13] となっていると説明しています。同一接辞反復とは同一文章内で同じ接辞を繰り返し使用する表現法のことです。ここでは三つの異なる語基である perfect-, medita-, contempl- に同じ接尾辞 -cioun が付加されています。いっぽう，語形変化反復とは同一文章内で同一の語基に異なる接辞を付加する表現法を指します。ここでは -tif と -cioun という異なる接尾辞が同一の語基 contempl- に付加されています。Palmer（2009）はこの並列構造（juxtaposed pattern）が -age, -ite, -cioun などの借用接尾辞の使用を促進させたと主張しています。

　それでは，初期訳と後期訳では，このような並列構造は借用接尾辞の使用に本当に役立っているかをみてみましょう。

---

[13] 『新英語学辞典』（1992: 925）は polyptoton を「同一文章内で同一語を屈折変化させて反復する修辞的表現法」であり，「広義には同一語幹から派生した語を反復することを含めることができる」と説明し，polyptoton に「語形変化反復」という訳語を与えています。いっぽう，homoeoptoton については，私の知る限りでは，決まった日本語訳はないようですので，Palmer（2009）の説明に添って，homoeoptoton は「同一接辞反復」としておきます。

第1章　後期中英語における名詞派生接尾辞の形態と意味　　29

1.6.1.1.　homoeoptoton が初期訳と後期訳にみられる場合

(2)　Mt 13.21

　　EV: **tribulacioun** and **persecucioune** maad for the word

　　LV: **tribulacioun** and **persecucioun** is maad for the word

　　（御言葉によって苦難や迫害が起きる）

(3)　1 Pet 4.8

　　EV: for **charite** couerith the multitude of synnes, holdinge **hospitalite** to gydere with outen grucchinge

　　LV: for **charite** couerith the multitude of synnes. Holde ʒe **hospitalite** togidere with out grutching

　　（愛は多くの罪を覆うから，不平を言わずにもてなしあ いなさい）

(4)　Deut 18.1

　　EV: alle that ben of the same **lynage**, shulen not haue … **herytage** with that other puple

　　LV: alle men that ben of the same **lynage**, schulen not haue … **eritage** with the tother puple

　　（同じ一族の者がすべて他の者たちと受け継がれし物を 所有するわけではない）

(2) では tribul-, persecu- に接尾辞 -cioun が，(3) では char-, hospital- に -ite が，(4) では lyn-, heryt-/erit- に -age が付加 されています。これらは初期訳にも後期訳にもみられます。

30

1.6.1.2.　homoeoptoton が初期訳にのみみられる場合

(5)　1 Esdr 6.16

EV:　the tothere of the sonus of **transmygracioun**, maden the **dedicacioun** of the hous of God in ioӡe

(移住した他の息子たちは喜んで神の館を献納した)

(6)　2 Pet 1.6

EV:　in **science** … **abstinence**, in **abstinence** … **pacience**, in **pacience** … pitee

(知識には自制を，自制には忍耐を，忍耐には信心を)

(5) では transmygra-, dedica- という異なる語基に同一の接尾辞 -cioun が，(6) では sci-, abstin-, paci- に同一の接尾辞 -ence が付加されています。

1.6.1.3.　homoeoptoton が後期訳にのみみられる場合

(7)　Mk 15.7

LV:　Barabas, that was boundun with men of **dissencioun**, that hadden don manslauӡtir in **seducioun**

(暴動のとき人殺しをして投獄されていた暴徒たちと一緒だったバラバス)

ここでは dissen-, sedu- という異なる語基に同一の接尾辞である -cioun が用いられています。

　以上の例で明らかなように，homoeoptoton によって借用接尾辞の並列使用がみられます。ただし，(2), (5), (7) のように，

第1章　後期中英語における名詞派生接尾辞の形態と意味　　31

並列構造の多くは接尾辞 -cioun の場合であり，-ite, -age, -aunce / -ence はまれにしかみられません。次に polyptoton の例をみてみましょう。

1.6.1.4.　polyptoton が初期訳にも後期訳にもみられる場合

(8)　Deeds 16.16

EV:　sum wenche hauynge a spirit of **dyuynacioun**, for to mete vs, the which ȝaf greet wynnyng to hir lordis in **dyuynyng**

LV:　a damysel that hadde a spirit of **diuynacioun**, mette vs, which ȝaf greet wynnyng to her lordis in **dyuynynge**

（わたしたちは占いの霊にとりつかれている女に出会った。この女は占いをして主人たちに多くの利益を得させていた）

この例では同一の語基である dyuyn- / diuyn-（= to divine（占う））に異なる接尾辞の -yng と -cioun が付加されて dyuynyng / dyuynynge と dyunacioun / diuynacioun が派生されています。この polyptoton による借用接尾辞は -cioun 以外には用いられていません。

Palmer（2009）は homoeoptoton と polyptoton を借用接尾辞の使用が好まれる文体的特徴と主張していますが，この文体的工夫は英語本来の接尾辞の使用にも関係しているといえます。以下の例をみてみましょう。

(9) Gen 4.13

EV: More is my **wickidnes** than I deserue **forȝeuenes**

LV: My **wickidnesse** is more than that Y disserue **forȝyuenesse**

(私の罪は許しを受けるよりも重い)

(10) 2 Pet 1.10

EV: bi goode werkis ȝe make ȝoure **clepynge** and **chesynge** certeyn

LV: by goode werkis ȝe make ȝoure **clepyng** and **chesyng** certeyn

(よき行いにより召されていること，選ばれていることを確かなものとするように)

(9) では異なる語基である wickid- および forȝeue- に同一の英語本来の接尾辞 -ness が付加されて，それぞれ wickidnes / wickidnsse（＝ wickedness（罪））と forȝeuenes / forȝyuenesse（＝ forgiveness（許し））が派生されています。(10) では異なる語基の clep- と ches- に同じ接尾辞の -ynge が付加されて，clepynge / clepyng（＝ calling（召されること））と chesynge / chesyng（＝ choosing（選ばれていること））が形成されています。この英語本来の接尾辞の繰り返しは，次の (11) にあるように，後期訳に多くみられます。

(11) Judith 4.10

EV: thei crieden to the Lord … togidere, lest weren ȝyuen ther childer in to prei, and ther wyues in to **deuyseoun**, and ther cites in to **destruccioun**,

第1章　後期中英語における名詞派生接尾辞の形態と意味　　33

and the holi thingus of hem in to **pollucioun**

LV:　thei crieden togidere to the Lord … lest the chil-
dren of hem schulden be ȝouun in to prey, and
the wyues of hem in to **departyng**, and her citees
in to **distriyng**, and her hooli thingis in to **de-
foulyng**

（彼らは主に言った。子供たちを生贄にしないように，
妻たちを分離しないように，町を破壊しないように，神
聖なるものを汚さないようにと）

初期訳では借用接尾辞である -cioun が付加された deuyseoun
（＝division（分離）），destruccioun（＝destruction（破壊）），pol-
lucioun（＝pollution（汚染））が用いられていますが，後期訳では
それぞれ英語本来の接尾辞 -ing による派生名詞 departyng（＝
departing（分離すること），distriyng（＝destroying（破壊するこ
と）），defoulyng（＝defiling（汚染すること）））に置き換えられてい
ます。

　さらに，次の例では初期訳も後期訳も英語本来の接尾辞 -ing
による派生名詞が繰り返されています。

(12)　Jer 25.18

EV:　Y shulde yue them in to wildernesse, and in to
stoneyng, and in to **whistling**, and in to **cursing**,
as is this dai

LV:　Y schulde yue hem in to wildirnesse, and in to
wondering, and in to **hissyng**, and in to **cursing**,
as this dai is

（今日のように，そこを廃墟とし，人の驚くところ，嘲笑うところ，呪うところとしよう）

ここでは stoneyng（= astonishing）/ wondering（驚くこと），whistling（= hissing, contempt）/ hissyng（= contempt）（あざ笑うこと），cursing（呪うこと），とすべて -ing 派生名詞が使われています。これらは異なる語基に同一の接尾辞が付加された形成ですので，homoeoptoton の例といえます。

　このような事実から，homoeoptoton は借用接尾辞のみならず英語本来の接尾辞の使用に貢献している文体的特徴といえましょう。また，(12) の例では後期訳のみならず初期訳でも -ing 派生名詞が好まれていることから，後期中英語ではまだ英語本来の接尾辞による語形成が優勢であったということになります。

1.6.2.　同義語並列

　現代英語にも使われている time and tide（歳月）のような同義語並列はワードペア（word pairs）と呼ばれており，古英語，中英語，初期近代英語でも普通にみられます。このような表現が使われるのは，文体的効果のため（Elliott (1974)），多義を限定し明確化するため（Burnley (1986)），説明的役割のため（Jespersen (1938)）など，いろいろな解釈がなされています。特に，古英語から中英語においては教育的な目的あるいは教訓的な（didactic）目的で使われたとされています（Elliott (1974)）。しかし，中英語においては古フランス語あるいはラテン語原典からの翻訳が多く，その形式やジャンルの違いから，同義語並列の目的・意図は

第1章　後期中英語における名詞派生接尾辞の形態と意味　　35

かなり複雑になっています。[14] そのなかでも多いのが「文体的」，「説明的」という解釈です。

　そこで，ここでは並列構造をなす同義語の派生名詞とその接尾辞の関係に焦点をあてることにします。

　ウィクリフ派英訳聖書における同義語の並列構造には or および ether を用いている場合と and を用いて同義語を並列している場合があります。

1.6.2.1.　or および ether が用いられている場合

(13)　Dan 2.24

　　　EV:　I shal telle to the kyng the **solucioun, or vndir-stondyng**

　　　LV:　Y schal telle the **soilyng** to the kyng

　　　Vu:　solutionem regi enarrabo

　　　　　（王にその解釈を申し上げる）

(14)　Ezek 12.3

　　　EV:　thou　… mak to thee vessels of **transmygra-cioun, or passing ouer**

　　　LV:　thou … make to thee vessels of **passing ouer**

　　　Vu:　tu … fac tibi vasa transmigrationis

　　　　　（移住のための準備をせよ）

(15)　1 Cor 7.35

　　　EV:　I caste to ʒou　… that　… ʒyueth **faculte, or**

---

[14] ワードペアの史的研究については谷 (2008) を参照。

esynesse

LV: Y caste to ȝou … that … ȝyueth **esynesse**

Vu: facultatem praebeat

（あなたがたに資力を生み出すものを授ける）

(13) の場合は，初期訳では solucioun（解釈）が -ing 派生語の vndirstondyng と言い換えられており，後期訳では -ing 派生語の soilyng（＝solution, exposition（説明））が用いられています。(14) では初期訳の transmygracioun（移住）が passyng ouer（出ていくこと）と並列されていますが，後期訳では -ing 派生語の passing ouer になっています。(15) の場合は初期訳の -ite 派生語である faculte（＝ability）が -ness 派生語の esynesse（＝easiness, facility（〈何事も容易にできる〉才能））と並列されており，後期訳では esynesse のみとなっています。

　これらの例では初期訳がラテン語聖書ウルガタのラテン語をそのまま置き換えています。つまり，(13) の solucioun はラテン語 solutionem の，(14) の transmygracioun はラテン語 transmigrationis の，(15) の faculte はラテン語 facultatem の直訳によって生じています。この種の並列構造はほとんど初期訳にみられ，次の (16) のように後期訳にみられる例はほとんどありません。

(16)　Job 5.21

　　　EV: thou shalt not drede **wrecchidnesse**

　　　LV: thou schalt not drede **myseiste**, **ethir wretchidnesse**

（悲惨さを恐れることはない）

第1章　後期中英語における名詞派生接尾辞の形態と意味　　37

この例では初期訳で -ness 派生語の wrecchidnesse（＝misery（悲惨さ））が用いられていますが，後期訳では -ite 派生語の myseiste（＝misery）が使われており，この語をさらに -ness 派生語の wretchidnesse（＝misery）と並列させています。また，(17) のように後期訳で借用接尾辞をもった派生語で並列される場合もまれにみられます。

(17)　3 Kings 3.1

　　　 EV:　bi **affynyte** he is joyned to Pharao

　　　 LV:　bi **affynyte**, **ether aliaunce**, he was ioyned to Pharao

　　　 Vu:　adfinitate coniunctus est Pharaoni

　　　　　　（姻戚関係のおかげで彼はファラオの一族に加えられた）

ここでは初期訳も後期訳もラテン語の adfinitate を -ite 派生語の affynyte（＝affinity（姻戚関係））に直訳しています。上に示したように，後期訳では英語本来の接尾辞による派生語が並列されるのが普通です。したがって，この例のように，さらに借用接尾辞の -aunce によって派生している aliaunce（＝alliance（姻戚関係））で置き換えられることはほとんどありません。

1.6.2.2.　and による並列構造

　上にあげた例は，A or B あるいは A ether B の形で，A を B で言い換えることにより A を説明または注解している構造です。いっぽう，and で並列されている場合は，同じ同義語並列といっても，or や ether での並列の場合とはその意図するところが異なるようです。以下の例をみてみましょう。

(18) Ezek 5.11

EV: thou defoulidist myn hooli thing in alle thin **of-fenciouns, and** in alle thin **abhomynaciouns**

LV: thou defoulidist myn hooli thing in alle thin **of-fenciouns, and** in alle thin **abhomynaciouns**

（お前はあらゆる憎むべきものと忌まわしきものをもって私の聖所を汚した）

(19) Eccles 6.9

EV: this is **vanyte, and presumpcioun** of spirit

LV: also this is **vanyte, and presumpcioun** of spirit

（これは慢心であり傲慢である）

(20) Jer 9.10

EV: Vp on mounteynes Y shall take to **weping and mourning**

LV: On hillis Y schal take **wepyng and mourning**

（私は山の上で嘆き悲しむ）

(21) Eph 4.2

EV: ʒe walke … with al **mekenesse and myldenesse**

LV: ʒe walke … with al **mekenesse and myldenesse**

（あなたは優しさと寛容の気持ちで歩みなさい）

(18) の初期訳と後期訳にみられる offenciouns[15] は abhomyna-ciouns（＝abominations（忌み嫌うもの））と同義であり，offen-ciouns の意味を強調するために用いられています。(19) の va-

---

[15] MED（s.v. offensioun, offencioun）では offencioun の意味は 'transgres-sion, sin'（〈神への〉罪（＝憎悪すべきもの，忌み嫌うもの））となっています。

nyte（= vanity）と presumpcioun（= presumption）はともに「う
ぬぼれ，慢心」の意味であり，presumpcioun は vanyte を強調
していると考えられます。(20) の weping / wepyng は「涙を流
して悲しむこと」の意であり，同じように「悲しむこと」を意味
する mournyng は weping / wepyng をさらに強調して用いられ
ています。(21) の mekenesse（= meekness）と myldenesse（=
mildness）はともに「優しさ，寛容であること」の意味であり，
myldenesse は mekenesse の意味を強めるために並置されていま
す。この強調のために並列的に用いられる英語本来の接尾辞によ
る派生語は特に後期訳で多くみられます。

(22)　Gen 41.4

　　　EV:　hem [= kien] of whom was merueilows **fayrnes
　　　　　　and proporcioun** of bodies

　　　LV:　thilke kien of whiche the **fairnesse and comely-
　　　　　　nesse** of bodies was wondurful

　　　　　　（その牛の身体の美しさは驚くほどであった）

この例での fayrnes / fairnesse（= fairness），proporcioun（=
proportion），comelynesse（= comeliness）はいずれも「（均整の
とれた）美しさ」の意味ですが，後期訳では -ness 派生語で並置
されています。また，この and による並列構造は慣用的表現と
して現れる場合にもみられます。

(23)　Gen 27.45

　　　EV:　the **woodnes** of thi brother reste, **and** the **indig-
　　　　　　nacioun** of hym ceesse

LV: the **woodnesse** of thi brother reste, **and** his **in-dignacioun** ceesse

（汝の兄の怒りは収まるであろう）

(24)　Ex 36.1

EV: eche wise man, to whom the Lord ȝaue **wisdom and vndirstondynge**

LV: ech wijs man, to whiche the Lord ȝaf **wisdom and vndurstondyng**

（主に知恵と英知を授けたおのおのの賢者）

(23) では英語本来の接尾辞 -ness による派生語 woodnes / woodnesse（＝woodness（激怒））と借用接尾辞 -cioun による派生語 indignacioun（＝indignation（憤慨））が慣用的に使われています（同様の例 Gen 49.7 など）。(24) の wisdom と vndirston-dynge / vndurstondyng はどちらも「知恵，英知」の意味で，やはり慣用的に用いられています（同様の例 Ex 31.3 など）。この慣用的表現も多くの場合英語本来の接尾辞 -ness および -ing による派生語にみられます。

1.6.2.3.　同一語の反復

上に述べた or, ether, and は使われていませんが，同一の語を繰り返し用いている場合があります。これも強調あるいは強意の表現と考えられます。このような表現にみられる派生語では借用接尾辞あるいは英語本来の接尾辞のどちらが使われているかを以下の例でみてみましょう。

第1章　後期中英語における名詞派生接尾辞の形態と意味　　41

(25)　Jer 50.28

EV: thei telle in Sion the **veniaunce** of the Lord oure
God, **veniaunce** of his temple

LV: thei telle in Sion the **veniaunce** of oure Lord
God, the **veniaunce** of his temple

（彼らはシオンで我らの神，主の復讐，主の神殿の復讐
を告げる）

(26)　Rom 9.30

EV: hethene men that sueden not **riȝtwysnesse**, han
kauȝt **riȝtwysnesse**, sothli the **riȝtwysnesse** that
is of feith

LV: hethene men that sueden not **riȝtwisnesse**, han
gete **riȝtwisnesse**, ȝhe, the **riȝtwisnesse** that is
of feith

（義を求めなかった異邦人が，義，しかも信仰による義
を得ました）

(27)　Gen 49.25

EV: the Almyȝti shal blesse to thee with **blessynges**
of heuene fro aboue, and with **blessyngis** of the
see liggyng beneth, and with **blessyngis** of tetis,
and of the wombe; the **blissyngis** of thi fader
ben coumfortid with the **blissyngis** of the fadris
of hym

LV: Almyȝti God schal blesse thee with **blessyngis**
of heuene fro aboue, and with **blessyngis** of the
see liggynge binethe, with **blessyngis** of tetis,

and of wombe; the **blessyngis** of thi fadir ben coumfortid, the **blessyngis** of his fadris

（上は天の祝福，下は横たわる海の祝福，乳房の母の胎内の祝福で全能の神があなたを祝福するであろう。あなたの父の祝福は彼の父たちの祝福で元気付けられよう）

(25) では veniaunce（＝vengeance（復讐）），(26) では riȝtwysnesse/riȝtwisnesse（＝rightfulness（義，正義）），(27) では blessyngis（＝blessings（祝福）） が繰り返し用いられて，それぞれ veniaunce, riȝtwysnesse, blessyngis の意味を強調しているのです。このような同一語反復でも，(26)，(27) から明らかなように，英語本来の接尾辞 -ness と -ing からなる派生語が多くみられます。

1.6.2.4. 反意語並列

　ごくまれですが反意語が並列的に用いられている場合があります。

(28) Rom 5.19

EV: as by **inobedience** of o man manye ben ordeyned synneris, so and by **obedience** of oon manye schulen be ordeyned iust

LV: as bi **inobedience** of o man manye ben maad synneris, so bi the **obedience** of oon manye schulen be iust

（一人のひとの不従順によって多くのひとが罪人とされたように，ひとりの従順によって多くのひとが正しい者

第1章　後期中英語における名詞派生接尾辞の形態と意味　　43

とされるのです）

ここでは inobedience（＝disobedience（不従順））と obedience
（＝obedience（従順））が並列的に用いられています。

1.6.3.　初例の派生名詞と接尾辞

ウィクリフ派英訳聖書における派生名詞で英語に初めて現れて
いる語の接尾辞のタイプ頻度をみてみると次のようになります。

	EV	LV
-ing	45	10
-ness	20	3
-hede	2	0
-cioun	30	4
-ite	9	2
-ment	2	0

表1

この表から明らかなように，後期訳に比べて初期訳に初例が極め
て多いことが分かります。まず実例をみてみましょう。

(29)　Rom 3.27

　　　EV:　Where is … thi **gloriynge**?

　　　LV:　Where … is thi **gloriyng**?

　　　Vu:　ubi est … gloriatio

（汝の歓喜はどこに）

(30)　Jer 16.6

EV:　ne **ballidnesse** shal ben do for hem

LV:　nethir **ballidnesse** schal be maad for hem

Vu:　neque calvitium fiet pro eis

（彼らのために髪をそり落とすのではない）

(31)　Rom 5.18

EV:　Therfore as by the gilt of oon in to alle men in to **condempnacioun**

LV:　Therfor as bi the gilt of oon in to alle men in to **condempnacioun**

Vu:　igitur sicut per unius delictum in omnes homines in condemnationem

（ひとりの罪によってすべての人に有罪の判決が下されたように）

(30) の ballidnesse（＝baldness（はげていること，不毛））はウルガタ聖書のラテン語が calvitium になっているので別として，(29) の gloriynge/glorying（＝exultation（歓喜））はラテン語の gloriatio のほぼ直訳であり，(31) の condempnacioun（＝damnation（断罪））はラテン語の condemnationem をそのまま英語に借用したものです。

表1からも明らかなように，-ing 派生語は初期訳に多く（(32) の例），後期訳ではわずかしかみられません（(33) の例）。

(32)　2 Macc 1.18

EV:　we to makynge **puryfiyng** … of the temple

第1章　後期中英語における名詞派生接尾辞の形態と意味　　45

  LV: we to makynge clensyng of the temple

    （我々は神殿を清める）

(33) James 1.17

  EV: the fadir of litis, anentis whom is not ouer-chaunginge, nether schadewing of whileness

  LV: the fadir of litis, anentis whom is noon other chaungyng, ne **ouerschadewyng**

    （御父にはその光の移り変わりも時の陰もありません）

また，借用接尾辞では -cioun が最も多く使われており，そのほとんどは，(34) に示すように，初期訳でみられます。

(34) Heb 2.4

  EV: God to gidere witnessynge … **distribuciouns** of the Hooly Gost, vp his wille

  LV: God witnesside to gidere … **departyngis** of the Hooli Goost, bi his wille

  Vu: contestante Deo signis … Spiritus Sancti distributionibus

    （神は聖霊の賜物を御心に従って分け与えておられます）

初期訳ではウルガタ聖書のラテン語の distributionibus が借用接尾辞 -cioun からなる distribuciouns （= distributions（分配））で訳されていますが，後期訳では英語本来の接尾辞から派生した departyngis になっています。

 すでに述べたように，初期訳はラテン語原典に忠実に翻訳しようとしているのですが，いっぽうで当時の人々にできる限り理解

してほしいという意図から英語本来の接尾辞である -ing および
-ness からなる派生語を初例として多く用いていると考えられま
す。

1.6.4. 名詞派生接尾辞の意味

Dalton-Puffer (1996) および Lloyd (2011) は名詞を派生する
接尾辞の意味を次のように分類しています：行為・行動を表す
Nomina Actionis (= act(ion) of V-ing)，特性・特質を表す No-
mina Essendi (= quality of being A)，道具を表す Instrumental
Noun (= thing with which one V-s)，物を表す Objective Noun
(= thing that is V-ed)，場所を表す Locative Noun (= place of
V-ing / related to N)，集合的な意味を表す Collective Noun (=
aggregate of Ns)。

この分類に基づいて初期訳および後期訳に用いられている名詞
派生接尾辞の意味を以下で検討します。

1.6.4.1. Nomina Actionis

行為・行動を意味する接尾辞として -ing, -hede, -ness, -ci-
oun, -aunce, -ment が用いられており，いずれも初期訳にも後
期訳にもみられます。

(35) Heb 13.16

EV: nyle ʒe forete of wel **doynge**

LV: nyle ʒe forete wel **doynge**

(善い行いを忘れないでください)

第1章　後期中英語における名詞派生接尾辞の形態と意味　　47

(36) Bar 2.33

EV: thei shul turnen awei themselves ... fro ther **cur-sidhedus**

LV: Thei schulen turne awei hem silf ... fro her **wickidnessis**

（彼らはよこしまな行為をやめるであろう）

(37) Mt 10.15

EV: it shall be more sufferable to the lond of men of Sodom and Gomor in the day of **iugement**

LV: it shal be more suffrable to the loond of men of Sodom and Gommor in the dai of **iugement**

（裁きの日にはこの町よりもソドムやゴモラの地の方が軽い罰で済む）

(38) 1 Tim 4.8

EV: bodili **excercitacioun** ... to litil thing is profytable

LV: bodili **exercitation** is profitable to little thing

（身体の鍛錬も多少は役に立ちます）

(39) Esth 16.24

EV: for exsaumple of dispising and **vnobeisaunce**

LV: for ensaumple of dispisyng and **vnobedience**

（軽蔑をしたり服従しない行為の例として）

1.6.4.2. Nomina Essendi

特性・特質を意味する接尾辞には -ness, -ing, -dom, -hede, -aunce, -cioun, -ite があり，初期訳にのみみられる -ing を除

48

いて，いずれも初期訳および後期訳に用いられています。

(40)　2 Cor 10.1

EV:　I Poul biseche ȝou, by the **homlynesse** ... and **softenesse** ... of Crist

LV:　Y my silf Poul biseche ȝou, bi the **myldenesse** and **softnesse** of Crist

（この私パウロがキリストの優しさと心の広さとをもってあなたがたに願います）

(41)　Dan 11.37

EV:　he shal be in **coueityngis**

（彼は欲望のかたまり）

(42)　Deut 15.13

EV:　whom with **freedam** thow ȝyuest, thou shalt not suffer to goon awey voyd

LV:　thou schalt not suffer hym go awey voide, to whom thou hast ȝyue **fredom**

（あなたが自由を与えた人を何も持たずに去らせてはならない）

(43)　Deeds 1.25

EV:　oon for to take the place of this mynisterie and **apostilhed**

LV:　oon take the place of this seruyce and **apostle-hed**

（この任務と聖職の代わりをする）

第1章　後期中英語における名詞派生接尾辞の形態と意味　　49

(44)　Rom 1.26

EV:　God bitook hem in to passiouns of yuel fame, or **schenschip**

LV:　God bitook hem in to passiouns of **schenschipe**

（神は彼らを恥ずべき情欲にまかせられた）

(45)　1 Cor 15.35

EV:　summe han **ignoraunce** of God

LV:　summen han **ignoraunce** of God

（神について無知な人たちがいる）

(46)　Ezek 5.11

EV:　thou defoulidist myn hooli thing in alle thin **of-fenciouns**

LV:　thou defoulidist myn hooli thing in alle thin **of-fenciouns**

（汝はあらゆる憎むべきものをもって我が聖所を汚した）

(47)　Num 4.20

EV:　Other thurȝno **curiouste** seen that ben in the seyntuarye

LV:　Othere men se not bi ony **curiouste** tho thingis that ben in the seyntuarie

（他の者たちが好奇心から聖なるものを垣間見ることはない）

1.6.4.3.　Instrumental Noun

道具を意味する接尾辞としては，初期訳も後期訳も次にあげる -ing しか用いられていません。

50

(48) Bar 6.17

EV: prestes oft kepen the dores with **closingis** and lockis

LV: preestis kepen sikirli the doris with **closyngis** and lockis

（司祭らは扉をしばしば留め具と錠前で閉じている）

接尾辞 -ing が道具を表す場合は中英語でもまれですが，MED (s.v. closing ger. 2. (b)) はこの Bar 6.17 の closingis／closyngis に 'a fastening'（留め具）の意味を与えています。

1.6.4.4. **Objective Noun**

物を意味する接尾辞には -ing, -cioun, -aunce, -age があり，いずれも初期訳にも後期訳にもみられます。

(49) Lev 25.28

EV: al **biggyng** shal turne aȝen to the lord

（買った物は再びその人のものとなる）

LV: ech **sillyng** schal go aȝen to the lord

（売った物は再びその人のものとなる）

(50) Deut 17.18

EV: he shal discriue to hym a **declaracioun** of this lawe

（彼はこの法律の写しを作るであろう）

(51) Lk 20.24

LV: Shewe ȝe to me a peny; whos ... **superscrip-cioun** hath it?

第 1 章　後期中英語における名詞派生接尾辞の形態と意味　　51

（銀貨を見せなさい。そこには誰の碑文があるのか）

(52)　3 Esdr 2.22

EV:　thou shalt finde in the **remembrauncis** writen of hem

LV:　thou schalt fynde in **remembrauncis** writen of hem

（汝は彼らについて書かれた記録書にそれを見つけることができよう）

(53)　Num 18.20

EV:　Y … thi **herytage**, in the myddil of the sones of Yrael

LV:　Y am thi … **erytage**, in the myddis of the sones of Israel

（私がイスラエルの人々のなかで汝らの受け継ぐ物である）

1.6.4.5.　Locative Noun

　場所を表す接尾辞には -ing, -ness, -ment, -cioun があり，初期訳にも後期訳にもみられます。

(54)　Amos 4.3

EV:　by **opnyngis** ʒe shuln go out

LV:　ʒe schulen go out bi the **openyngis**

（汝らは城壁の破れた所から引き出される）

(55)　Num 22.24

EV:　the aungel stood in the **narwenes** of two stonen wallis

LV: the aungel stood in the **streitnessis** of twei wallis

（御使いは両側の石垣の狭い道に立っていた）

(56) Dan 6.24

EV: thei camen not fully vn to the **pament** of the lake

LV: thei camen not til to the **pawment** of the lake

（彼は湖の舗装された所までは来なかった）

(57) Gen 10.30

EV: the **abitacioun** of hem is maad o Messa … vnto Sephar

LV: the **habitacioun** of hem was maad fro Messa … til to Sefar

（彼らの居住地はメシアからセファルの間に造られた）

1.6.4.6. Collective Noun

集合的な意味を表す接尾辞としては -hede, -ing, -ite がみられますが，初期訳にも後期訳にも用いられているのは -hede のみで，-ing と -ite は初期訳にしか用いられていません。

(58) 2 Cor 10.4

EV: the armers of oure **knyʒthod** ben not fleischly

LV: the armuris of oure **knyʒthod** ben not fleischli

（我々の軍の武器は肉のものではない）

(59) 1 Macc 4.7

EV: thei sawen the tentis … of … **ridingis**

（彼らは騎馬隊の陣営を見た）

第1章　後期中英語における名詞派生接尾辞の形態と意味　53

(60) Ex 19.23

EV: The **comounte** may not stey vp into the hil of Synay

（民衆がシナイ山に登ることはできません）

以上の接尾辞の表す意味を初期訳と後期訳に分けて図式で示すと次のようになります。

初期訳

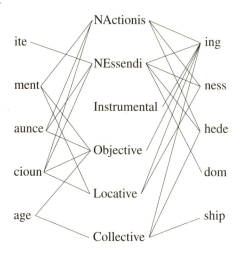

後期訳

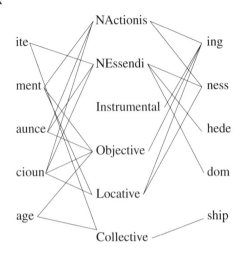

　上にあげた (35) から (60) の例からも，またこの二つの図式からも明らかなように，初期訳，後期訳とも接尾辞の意味領域はほとんど同じです。あえて違いをいえば，(41) の NEssendi の意味を表す coueityngis (＝covetousness（欲望）)，(59) と (60) の Collective の意味を表す ridingis (＝a minitary host（騎馬隊）) と comounte (＝commonalty（民衆）) は初期訳にのみみられるという点です。特に，(41) の coueityngis と (59) の ridingis は接尾辞 -ing による派生名詞であり，この点でいえば，初期訳においては接尾辞 -ing は後期訳よりも多彩な意味を表すために使われていることになります。

　さらに，この初期訳と後期訳にみられる接尾辞の意味領域を後

第1章　後期中英語における名詞派生接尾辞の形態と意味　　55

期中英語全体の場合と比較してみましょう。[16]

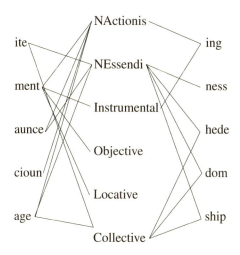

　この図式では英語本来の接尾辞に比べると借用接尾辞の表す意味の範囲が極めて広くなっています。ところが，同じ後期中英語に属するウィクリフ派英訳聖書では初期訳でも後期訳でも借用接尾辞と英語本来の接尾辞の表す意味の範囲にほとんど差異はみられません。

1.7. まとめ

　文体的工夫の一つと考えられる homoeoptoton による借用接尾辞としては，初期訳でも後期訳でも -cioun が最も多くみられ

---

[16] この図式は Dalton-Puffer（1996: 124）の図式に基づいて本章で取り上げている接尾辞に限定して修正しています。

ます。いっぽう，他の借用接尾辞はあまり用いられていません（1.6.1.1 節から 1.6.1.4 節）。Palmer（2009: 150–166）は homoeoptoton が借用接尾辞の使用を促進させたとしています。しかし，英語本来の接尾辞の使用にもこの homoeoptoton の影響がみられます。-ing および -ness が多用されているのです。特に，この傾向は後期訳に顕著です（たとえば，(10)，(11) など）。

　1.6.2.1 節で述べたように，同義の語が or および ether を介して並列されている構造がみられます。この種の並列ではラテン語聖書ウルガタのラテン語をそのまま用いて借用接尾辞の -cioun や -ite を付加することにより派生名詞を形成しています。この場合，初期訳ではこれらの語は or や ether を用いて英語本来の接尾辞である -ing または -ness による派生名詞で言い換えられています。これは当時の人々に理解されやすくするための工夫であったと考えられます。現に，初期訳を改訂した後期訳では多くの場合 -ing または -ness 派生名詞となっています（たとえば，(14)，(15)，(16) の例）。

　いっぽう，1.6.2.2 節であげたように，同義の語が and で並列されている場合があります。これは and に先行している語の意味を強調したり強めたりする文体的効果を意図したものといえます。この場合，初期訳では -cioun による派生名詞の並列が多く，後期訳では -ing および -ness による派生名詞が多くみられます。また，この並列構造は，(23) や (24) のように，慣用的といえる場合にも多くみられます。

　1.6.3 節ではウィクリフ派英訳聖書における派生名詞のなかで初例とされる語とその接尾辞の関係を明らかにしています。この場合，借用接尾辞としては -cioun が最も多く，英語本来の接尾

辞としては -ing と -ness がほとんどです。初期訳に -cioun が多くみられるのはラテン語を直訳していることによります（たとえば，(31)，(34) の例）。

1.6.4 節では名詞を派生する接尾辞の意味を調査・分析していますが，初期訳，後期訳ともその表す意味範囲はほとんど同じです。ただ，後期中英語全体としては英語本来の接尾辞の意味範囲は借用接尾辞のそれより縮小されています。この事実と比べると，ウィクリフ派英訳聖書ではまだ英語本来の接尾辞が広範囲に用いられていたことになります。

以上で述べたように，名詞を派生する接尾辞としては借用接尾辞の -cioun を除いて，形態的にも意味的にもまだ英語本来の接尾辞のほうが一般的であったと考えられます。[17] 特に後期訳ではこの傾向が顕著であるといえます。

1.3 節で述べたように，ウィクリフ派英訳聖書は当時の民衆に理解されるようにという目的で英語に訳されました。特に，後期訳の訳者は，初期訳の英語が当時の英語を反映していないとして，より自然な英語の表現になるように努力しました。この点からいえば，後期訳で特に形態的には英語本来の接尾辞である -ing や -ness の使用が顕著であるということは，フランス語やラテン語の影響が大きい後期中英語においてもまだ英語本来の接尾辞が十分機能していたことになります。[18]

---

[17] Chaucer においても名詞を派生する借用接尾辞では -cioun が最も多く使われています。いっぽう，英語本来の接尾辞では -ing が最も多くみられます。詳しくは米倉 (2004: 141-341) を参照。

[18] Dove (2007: 138) はウィクリフ派英訳聖書の訳者たちは英訳するにあた

58

　さまざまなジャンルからなる広範囲の言語資料を調査・分析することは，ある時代の言語状況を的確に知る上で重要なことですが，Palmer (2009: 88) が指摘しているように，多くの人たちが読んでいたであろうと考えられる個々の言語資料を精査することも，ある時代の言語状況を明らかにすることに貢献することは言うまでもありません。この意味では，約230もの写本が現存するウィクリフ派英訳聖書の英語を考察することは極めて有意義なことと言えましょう。

り見境もなくフランス語やラテン語の語を借用したのではないと指摘しています。

第 2 章

現代形態論
―複合語の語彙的緊密性と名付け機能―

2.1. はじめに

　語（word）と句（phrase）の基本的な違いの一つとして，語は句と違って，緊密なまとまりを構成していると言われることがあります。ある語が，複合語の内部に含まれる複数の語のうち，一つだけを修飾することは許されません。たとえば，下に示したように，副詞 very が，「形容詞＋名詞」形の複合語 tightrope の中にある形容詞 tight だけを修飾することはできません。

(1)　tightrope（綱渡りの綱）
　　　*very tightrope

複合語の tightrope ではなく，tight rope という句なら，もちろん very tight rope は可能です。

(2)　tight rope（ぴんと張った綱）
　　　very tight rope（とてもぴんと張った綱）

　また，複合語の内部に別の語を挿入することも許されません。(3b) のように，形容詞 wide が複合語 hotel room (3a) の前に置かれて，この複合語全体を修飾するという解釈は可能ですが，しかし (3c) のように，wide をこの複合語の hotel と room の間に挿入することはできません。

(3)　a.　hotel room（ホテルの部屋）
　　　b.　wide hotel room（広いホテルの部屋）
　　　c.　*hotel wide room

　語には，派生語（例：happiness），短縮語（例：exam），頭字

語（例：UNESCO）ほか，いろいろな種類がありますが，上の
tightrope や hotel room など，複合語はふつう，2つ（以上）の
語を互いに結合して作られます。

本章の 2.7 節までで扱う語は，主として複合語，その中でも特
に，tightrope のような「形容詞＋名詞」形の複合語と hotel
room のような「名詞＋名詞」形の複合語です。2.8 節以降では，
複合語と比較した場合に，類似点と同時に相違点をもつと考えら
れる 3 種類の語を取り上げます。冒頭で触れた語としての緊密
性（integrity）に焦点を当てながら，これらの語のもつ意味機能
および構造について考えてみたいと思います。さらに最後の 2.11
節では，複合語のもつ名付け（naming）の働きについて述べま
す。

2.2. 「形容詞＋名詞」形複合語と「名詞＋名詞」形複合語

「形容詞＋名詞」形複合語と「名詞＋名詞」形複合語について，
基本的なことを整理してみましょう。

blackbird と black bird はどちらも「形容詞＋名詞」形ですが，
前者は複合語，後者は句です。日本語の「長靴」と「長い靴」も
同様です。以下で英語の blackbird と black bird，また日本語の
「長靴」と「長い靴」を，構造・形・意味・発音の観点から互いに
比較対照してみましょう。

複合語の blackbird と句の black bird の構造はそれぞれ（4a）
（4b）のようになります（Noun は名詞，Adjective は形容詞，
Noun Phrase は名詞句）。

(4) a.

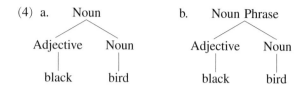

日本語の複合語の「長靴」も句の「長い靴」も，構造は，上の (4a, b) と同一です。しかし形に関しては，英語では複合語でも句でも形容詞 black の形は同じですが，日本語の場合，「長靴」の前部要素の形容詞は語幹（原形）の「長」，「長い靴」では連体形の「長い」であり，形が異なります。

次に，複合語の blackbird (5a) と句の black bird (5b) の意味の違いについて述べます。

(5) a. blackbird（クロウタドリ（ツグミ科の鳥））
b. black bird（黒い鳥）

(5b) の black は，性質形容詞（qualitative adjective）と呼ばれる形容詞で，形容詞の中でも最も典型的ものです。性質形容詞は，名詞の指示対象（つまり名詞によって実際に指し示されるモノ）のもつ性質や属性を表しており，一般には，意味的に程度の大小を問題にすることのできる段階的な形容詞（gradable adjective）です。(5b) の名詞句 black bird の場合，(6) に示したように，black の前に程度を示す副詞（程度の副詞）の very を付けることが可能で，black を比較級にすることもできます。

(6) <u>very</u> black bird（色のとても黒い鳥）
black<u>er</u> bird（より黒い色の鳥）

第 2 章　現代形態論　　63

一方，複合語である blackbird (5a) の場合には，(7) に示したように，(6) の両方の形が許されません。

(7) *very blackbird, *blacker-bird

そこで，形容詞 black が複合語の内部に現れるときには，通常とは違って段階性を示さず，名詞の指示対象のもつ属性 (black の場合は色が黒いという特徴) の意味はもたないと考えられます。つまり複合語の blackbird は，句の black bird とは違って，単に黒い色の鳥の意味ではなく，クロウタドリといわれる種類の鳥です。雄は嘴と眼のまわりの皮膚が黄色で，体の他の部分は黒色ですが，雌は全身褐色だそうです (『ブリタニカ国際大百科事典』参照)。

black を内部に含む複合語の中には，色が黒でないものもあります。たとえば blackboard (黒板) の色は，(昔は黒かったのですが) 今では緑色がふつうです。したがって，green blackboard (緑の黒板) と言っても決して矛盾にはなりません。このことからも，複合語内部の形容詞 black は元の性質形容詞としての意味機能は失っていることが分かります。(ちなみに，*MWD* には，greenboard が独立した見出し語として掲載されていて，'a chalkboard with a green surface: green blackboard' と記されています。)

日本語の「形容詞＋名詞」形複合語の「長靴」の場合にも同じことが言えます。(8a) に示したように，句の「長い靴」を含む (8b) とは違って，副詞の「とても」が「長靴」を修飾することはできません。

(8) a. *とても長靴

b. とても長い靴

「長靴」と「長い靴」は意味も違っており，前者は単に長い靴のことではなく，「膝の辺りまである深い靴」で「革やゴム・ビニール製で，雨雪・乗馬の時などに使用」する靴（『広辞苑』）を意味するものです。

また，発音については，複合語の blackbird と句の black bird は強勢の位置が逆になっています。(9a, b) を参照してください。

(9) a. bláckbird［複合語強勢］

b. black bírd［句強勢］

(9a) に示したように，複合語では前部要素の black に強勢が置かれ，これは「複合語強勢」(compound stress) と言われることがあります。逆に句の black bird (9b) では，後部要素の bird に強勢が置かれ，「句強勢」(phrasal stress) と言われます。

「長靴」と「長い靴」の発音については，以下を参照してください。

(10) a. 長靴　　　ナガ＋クツ → ナガグツ

ナ ガガツ　　（ナ ガ＋ク ツ）

b. 長い靴

ナ ガイ ク ツ

(10a) では，いわゆる「連濁」の現象が観察され，後部要素の最初の「ク」の子音部分の [k] が有声化することによって「グ」になります。また，(10a, b) はアクセント型も異なっています。

第2章　現代形態論　　65

(10a) では「ナガ」と「グツ」が「高」のピッチで結びつくように
なり，これによって発音上「ナガ」と「グツ」の語の境界が消え
たことになります。

　ここまで，blackbird と「長靴」を例に挙げて，「形容詞＋名詞」
形の複合語を句と対比しましたが，(11) に，英語の例をさらに挙
げておきました。((11) はすべて Bauer and Huddleston (2002: 1649)
に出ているもので，個々の複合語の表記はそこに記されているものに従っ
ています。)

(11)　blackbird（クロウタドリ），blacksmith（鍛冶屋），blue-
print（青写真），grandstand（特別観覧席），greenhouse
（温室），greyhound（グレーハウンド（犬の一品種）），
handyman（雑役夫），hotbed（温床），hotline（ホットライ
ン），madman（狂人），sick-bed（病床），smalltalk（世間
話），tightrope（綱渡りの綱），wetnurse（（他人の子供に乳
を与える）乳母）

　日本語の「形容詞＋名詞」形複合語については，「長靴」のほか
に (12) に示したようなものなど，たくさんあります。

(12)　荒波，薄板，軽石，寒空，高波，近道，強火，長話，
早番，古本，安物，悪者

　上で複合語の blackbird と「長靴」の意味をかなり詳しく見ま
したが，英語でも日本語でも，「形容詞＋名詞」形複合語は一般
に，形容詞と名詞がそれぞれもつ意味をそのまま足し合わせただ
けでは出てこないような，多少とも不透明で特殊化した意味をも
つものが多いといえます。blackbird の場合，すでに触れたよう

に（少なくとも雄の場合には）色が黒いのは確かですが，クロウタドリという種類の鳥のことを言います。他方，色が黒ければどんな鳥でも black bird（黒い鳥）と言えます。blackbird も crow（烏）も black bird です。さらには bluebird（ルリツグミ）と呼ばれる背面が青色の鳥であっても，黒く塗られているとしたなら，それらの鳥もすべて black bird です。したがって，black bluebird（黒い色をしたルリツグミ）は必ずしも矛盾にはならず，black と blue を入れ替えた blue blackbird（青い色をしたクロウタドリ）もやはり矛盾にはなりません。

　日本語も同様で，上で見た「長靴」の場合，「その長靴，ちょっと短いですね。」などと言っても，別に奇妙には聞こえないでしょう。一方，句の「長い靴」については，「*その長い靴，ちょっと短いですね。」などとは言えません。「甘柿」は，富有柿・次郎柿など，木になっているままで甘くなる種類の柿（『広辞苑』参照）のことをいいますが，「あまり甘くない甘柿」と言うことができます。しかし句の「甘い柿」の場合は，「*甘くない甘い柿」などとはもちろん言えません。このように，「形容詞＋名詞」形複合語は，形容詞と名詞がそれぞれもつ意味を合わせた合成的な意味にはならないことが多いのです。

　次に，「名詞＋名詞」形の複合語を見てみましょう。下の（13）はどれも，特殊化した意味をもつ確立した複合語です。

(13)　penknife（折りたたみ式小型ナイフ（もとは鵞ペンを削るのに用いていた）），speed camera（スピードカメラ（速度違反車を感知してそれを写真に撮るカメラ）），textbook（教科書），ball park（野球場），butterfly（蝶）

第2章 現代形態論　67

しかし「名詞＋名詞」形複合語の多くは，その場に応じて自由に形成することができます。たとえば (14) の複合語 (Jackendoff (2010: 416) より引用) は「名詞＋cake」の形です。いろいろな種類のケーキをこの形で示すことができるので，何か新しいタイプのケーキが作られれば，その都度いくらでもこの形を使うことが可能です。

(14)　chocolate cake（チョコレートケーキ），birthday cake（バースデーケーキ），coffee cake（コーヒーケーキ），marble cake（マーブルケーキ），cupcake（カップケーキ）

さらに，(14) にある chocolate cake の場合，cake の代わりにほかの名詞を代入して，「chocolate＋名詞」形のいろいろな語（たとえば chocolate milk（チョコレートミルク），chocolate chips（チョコレートチップス），chocolate factory（チョコレート工場））を作ることもできます。

　また，しばしば指摘されることですが，「名詞＋名詞」形複合語の場合，この形の個々の語ごとに，前部名詞と後部名詞との間にはいろいろな意味関係が成立します。(14) の「名詞＋cake」形の複合語では，最初の名詞と cake の意味関係はさまざまで，chocolate cake では「チョコレートで作られたケーキ」，birthday cake では「誕生日用のケーキ」，coffee cake では「コーヒーといっしょに食べるケーキ」，といった具合です。(ただし，taxi driver（タクシー運転手）のように後部名詞が他動詞から派生した名詞である場合には，前部名詞は後部名詞の元になっている他動詞の目的語と解釈されるのがふつうであり，このような複合語では (14) の「名詞＋cake」形の複合語よりも意味が限定されます。)

ここで複合語の強勢について少し触れておきます。(14) の「名詞＋cake」形ではすべて，前部名詞に強勢が置かれます。apple sauce（リンゴソース）や apple tree（リンゴの木）などもそうです。しかし apple pie は逆に後部名詞に強勢が置かれます。Christmas card（クリスマスカード）は前部の Christmas に強勢が置かれますが，Christmas Eve（クリスマスイブ）は逆に後部の Eve に強勢が置かれます。また street theater（街頭演劇）は両方の強勢パタンが可能で，話者によって異なるようです。したがって，複合語強勢のパタンであれば「名詞＋名詞」形は複合語であるということは一応言えると思われますが，しかし，句強勢のパタンだからといってただちにその表現が複合語ではないとは言えないことになるでしょう。

　また，「名詞＋名詞」形複合語は一般に，名詞を繰り返して，いくらでも長くすることができます。下の (15) の例を参照してください（(15a, b) はそれぞれ，Bisetto (2010: 18) と竝木 (2009: 48) から引用）。

(15) a.　student film society committee scandal
　　　　（学生向け映画クラブの委員会のスキャンダル）
　　 b.　地方公務員制度調査研究会報告

　これまで「形容詞＋名詞」形複合語と「名詞＋名詞」形複合語を見てきましたが，繰り返し述べたように，前者は英語でも日本語でも，多かれ少なかれ意味が合成的でないものが多く，そのようなものはレキシコン（lexicon）に蓄えられ（てい）ると考えられます。「レキシコン」は辞書を意味するギリシャ語に由来しますが，本章で言うレキシコンは，本の辞書や電子辞書などではな

く，「メンタルレキシコン」(mental lexicon)，つまり，わたくしたち人間の脳の中（mental は「脳の内部の」という意味）に記憶され蓄えらえている語の集合のことです。それに対して，「形容詞＋名詞」形の句は，この形の複合語とは対照的に，「黒い霧」「白い大陸」など一部の表現を除いて，ほとんどは意味が完全に合成的であり，レキシコンに蓄えておく必要はありません。（レキシコンについては，0.2 節と 0.4 節も参照してください。）

　「名詞＋名詞」形複合語はどうでしょうか。「形容詞＋名詞」形複合語とは違って，自由に作ることができて，いちいちレキシコンに記憶し蓄えておく必要のないものも多いといえます。この形のいろいろな語が次々に形成されると，場合によっては文脈が分からないとすぐには理解できないようなもの（あるいは理解しづらいもの）も作られることがあります。飯間（2014）に出ている「ポップコーン映画」「表声（オモテゴエ）」「学校園（ガッコウエン）」などはそのような語で，著者によると，出版時点では著者が編纂に携わっている国語辞典には載せていないということです。（なお，由本（2011）では，生成語彙論の立場から「名詞＋名詞」形複合語の複数の可能な解釈のうち，どれがもっともありそうな解釈かを予測する，興味深い分析が示されています。）

　いろいろな「名詞＋名詞」形の複合語が自由に造語される中で，定着しないうちにすぐに（場合によっては一度使っただけで）消えてしまうようなものもたくさんあります。また，一時的によく使われてある程度定着しても，時代や社会環境の変化などに対応して，必要がなくなると人々の記憶から失われて使われなくなるものも多いのです。

2.3. 語彙化

2.2節で,「形容詞＋名詞」形複合語の多くと「名詞＋名詞」形複合語の一部には,意味が合成性を欠いて不透明なものがあるということを述べました。このような語のことを,「語彙化」(lexicalization) という用語を用いて,語彙化した(語彙化された)語である,ということがあります。語彙化という概念はのちの議論にも関係するので,ここで少し詳しく見ておきたいと思います。

Sauer (2004: 1625-1626) に,「語彙化」という概念によって表される3通りの意味が提示されていますが,本章と直接関係のある2つを以下に紹介しましょう。

第1に,語がレキシコンにリスト(記載,登録)されることを,語彙化と言います。なお,ここで言う語とは,単一の形態素から成る単純語 (simple word) と,複合語や派生語など複数の形態素から成る合成語 (complex word) と,両方を含みます (0.1節も参照)。第2に,ある語に,その語を構成する個々の要素からは説明できないような意味の特異性,および音韻・形態の特異性(またはどちらか一方の特異性)が見られることを,語彙化と言います。(ちなみに,*OED* では lexicalization の元になっている動詞 lexicalize (語彙化する) が見出し語として記載されており,"to accept into the lexicon, or vocabulary, of a language"(個別言語のレキシコンに受け入れること)と定義されていますが,これは上記の第1の意味の lexicalize です。)

語彙化というと,ふつうは上記の第1の意味よりも第2の意味で用いられることが多いかもしれませんが,しかし両者は密接に関係しています。ある語に意味・形態・音韻の特異性が観察さ

れる場合には（第2の意味），その語はレキシコンに登録されます（第1の意味）。blackbird など多くの「形容詞＋名詞」形複合語は，意味が特殊化しているので（第2の意味），それぞれが一つの独立した語彙項目として英語のレキシコンにリストされます（第1の意味）。

複合語 blackbird の構造と発音と意味について，2.2節で具体的に説明しました。この複合語は英語のレキシコンにリストされていて，構造（上記 (4a)），発音（[ˈblæk͵bɚd]），意味（クロウタドリという種類の鳥）が必要な情報として，この複合語の語彙項目に盛り込まれていると考えられます。

ここで，語の意味が語彙化している（上の第2の意味）というのは，もっと厳密にはどういうことを言うのか，blackboard を例に，さらに詳しく見ましょう。この語の意味は *OALD* によれば，"a large board with a smooth black or dark green surface that teachers write on with a piece of chalk"（教師がチョークを使って文字などを書くのに使う，平らな黒ないし深緑の色の表面をもつ大きい板）と記されています。色は必ずしも黒でなくて深緑でもよく，また「教師が」「チョークを使って」「書く」といったような意味が付け加えられており，これらは，black と board のそれぞれがもつ意味を足し合わせても決して出てこない意味です。このように意味が語彙化した語には，次のような3種類がありあります。つまり (i) 元の意味の一部が消失したもの，(ii) 元はない意味が追加されたもの，さらに (iii) 消失と追加の両方であるもの，の3通りです (Sauer (2004: 1630) 参照)。

さらに，上記の第2の意味の語彙化について，意味的に語彙化していると同時に形態的・音韻的にも語彙化している語の例と

して，名詞の stealth と birth を紹介しましょう。まず，stealth（こそこそしたやり方，内密）と birth（誕生）をそれぞれ，動詞の steal（盗む）および bear（産む）と意味の上で比較してみると，両者の関係が希薄であるため，この 2 つの名詞は意味的に語彙化していると言えます。また，形態の上で，動詞に接尾辞 -th を付けることによって派生する名詞は数が限られているので，stealth も birth もそれぞれ，動詞 steal と bear から派生すると考える必要はありません。さらに発音の上でも，名詞の stealth および birth を動詞の steal および bear と対比すると，母音の発音が互いに異なっているので，この 2 つの名詞は音韻的にも語彙化していると言えるでしょう（Bauer（2004: 65）参照）。

2.4. 複合名詞の第 1 要素の分類的な機能

ここで，「形容詞＋名詞」形複合語と「名詞＋名詞」形複合語について，複合語全体とそこに含まれる後部要素の名詞との意味的な関係に注目しましょう。

Williams（1981: 248）では，以下のような「右側主要部の規則」が提案されています。

(16) 右側主要部の規則（The Righthand Head Rule）
形態的に複雑な語の主要部はその語の右側の要素である。

(16) の形態的に複雑な語というのは，すでに触れた合成語のことで，主として複合語と派生語です。派生語の場合は，接尾辞が派生語全体の範疇（品詞）を決定すると言えるので，接尾辞が派

生語の主要部になります。たとえば humanity（人間性）という派生語の場合，形容詞 human（人間的な）に接尾辞 -ity が付くと，範疇が形容詞から名詞に変わるので，この接尾辞が humanity の主要部です。逆に接頭辞はもとの語の範疇を変えないものが多いので（たとえば write も rewrite も動詞），接頭辞は派生語の主要部にはなりません。（なお，語の主要部が右側ではなく左側にある言語もあることが知られていますが（並木（2009: 72-73）ほか），英語と日本語の場合はこの規則に従って，一般に主要部は右側にあります。）

　それに対して，複合語の主要部は，複合語全体の範疇を決定する要素という統語的な側面と，語全体の意味の中核になる要素という意味的な側面と，両方あります。後者の意味的な側面から複合語の主要部を規定する際に，具体例としてよく挙げられるのは「名詞＋名詞」形複合語です。passenger car（客車）を例にとれば，この複合語の場合，どちらの名詞が主要部か判断が難しいのですが，(17) のように言うことができます。そこで，この複合語の意味の中核になっているのは右側の名詞 car であり，car がこの複合語の主要部ということになります。

(17)　A passenger car is a kind of car.
　　　（passenger car（客車）は car（車）の一種である。）

同様のことは「形容詞＋名詞」形の複合語にも当てはまり，複合語全体と右側の名詞の間に「～の一種」という関係が成り立ちます。たとえば flatfish（ヒラメ）の場合，(18) のように言うことができます。

(18)　A flatfish is a kind of fish.

　　　（flatfish（ヒラメ）は fish（魚）の一種である。）

　上の (17) と (18) から，個々の複合名詞は，「名詞＋名詞」形であっても「形容詞＋名詞」形であっても，主要部の名詞によって示される類（タイプ）の下位類（下位タイプ）に言及すると言えます。

　名詞は一般に，特定の一つないし複数の指示対象（2.2 節参照）に言及するのはもちろんですが，しかしそれだけではありません。たとえば dog の場合，1 匹ないし複数の特定の犬を指すのではなく，犬一般，つまり犬という類（タイプ）に言及することがあります。名詞 dog が犬という類（タイプ）に言及するときには，特定の 1 匹ないし複数の犬に直接言及するわけではありませんので，その意味で類（タイプ）に言及する dog は，総称的（generic）かつ非指示的（non-referential）です。(17) の passenger car では，passenger と car はそれぞれ，乗客という類，車という類に言及します。さらには，この複合名詞自体も，客車という類に言及します。つまり，複合名詞によって示される類は，主要部名詞によって示される類の下位類に相当します。

　結局，複合名詞の場合，「名詞＋名詞」形も「形容詞＋名詞」形もともに，主要部名詞によって示される類と複合名詞によって示される類との関係は，類と下位類の関係である，ということになります。

　複合名詞における上述のような類と下位類の関係は，少し見方を変えれば，左側の非主要部の名詞ないし形容詞は，右側の主要部名詞によって示される類（タイプ）から何らかの下位類（下位

第2章　現代形態論　　75

タイプ）を導く働きをするものである，と言えます。別の言い方をすれば，非主要部の名詞ないし形容詞は，主要部名詞によって示される類をさらに細かく「分類する」(classify) 機能をもっている，ということになります。

　上述のことを，blackbird を例に，具体的に説明してみましょう。この複合名詞はクロウタドリという種類の鳥を意味しており，black は通常の性質形容詞としての用法はもたないということを，2.2 節で述べました。それでは，複合名詞の blackbird の場合，形容詞 black はどのような働きをしているのかというと，クロウタドリという種類の鳥を他の種類の鳥（たとえば bluebird（ルリツグミ），canary bird（カナリヤ））と区別して，主要部名詞の bird を分類する働きをしているのです。

　先の (11) の複合名詞も同様です。tightrope の形容詞 tight は，jump rope（縄跳びの縄）などほかの種類の rope と区別して rope を分類する機能をもっています。また，wetnurse では，非主要部の形容詞 wet によって nurse が下位分類されて，他人の子どもに乳を与える乳母が，特に dry-nurse（授乳しない保母）と区別されます。また，smalltalk（世間話）は，この複合語の非主要部に small 含むことによって，いろいろな種類の talk（たとえば table talk（食卓での雑談））の一つとみなされます。

　日本語の「長靴」においても，形容詞語幹の「長」は，長靴を他の種類の靴（たとえば短靴，編上げ靴，スケート靴，ゴム靴）と区別して，靴を分類する機能をもっています。また，「甘柿」では「甘」が，木になっているままで甘くなる種類の柿を，特に渋柿と区別して，柿を分類する働きをしています。

　「名詞＋名詞」形複合名詞も同様に考えることができます。

76

cake には（14）に挙げたようないろいろな種類がありますが，chocolate cake の場合，非主要部の名詞 chocolate は，チョコレートケーキを，他の種類のケーキと区別して，主要部名詞の cake を分類する機能をもっています。

　ここで，「形容詞＋名詞」形の複合名詞と，同じく「形容詞＋名詞」形の名詞句を，互いに比較対照してみましょう。この形の複合名詞も名詞句も，非主要部の形容詞が主要部の名詞を修飾しているという点では共通しています。形容詞が名詞を修飾することによって，主要部の名詞が何らかの限定を受けたり，主要部の名詞に何らかの意味内容が加えられたりすると考えられます。しかし複合名詞の blackbird と名詞句の black bird は，形容詞が名詞を修飾することによって，その形容詞が名詞に対してどのような機能を果たすのか，という点では明らかに違いがあると考えられます。名詞句の black bird の場合，black は，bird の指示対象がもつ属性の一つである「色彩」（color）を黒色に限定する機能をもっています（安井ほか（1976）など参照）。しかし一方，複合名詞の blackbird においては，上で見たように black は，bird を修飾することによって，bird をさらに細かく分類する（分類的な（classificatory））機能をもつのです。「名詞＋名詞」形複合名詞の場合にも，やはり前部の名詞が後部の主要部名詞を修飾することによって，前者が後者を下位分類します。このことは上で chocolate cake を例に説明しました。

　そこで本章では，複合名詞の前部要素を「分類的修飾要素」（classifying modifier）と呼ぶことにします。この用語は一般にはあまり広く用いられていないと思われますが，複合名詞において，非主要部の修飾要素が分類的な機能をもつ，ということが明

確になるので，本章でも時折この用語を用いることにします。また，のちに 2.9 節で，複合名詞と類似していると同時に違いが観察されるような 3 種類の合成語を扱いますが，そのような語も，分類的修飾要素を含むという点では共通していることを指摘します。(分類的修飾要素を含むさまざまな構造に関して，もっとも包括的な先行研究は Gunkel and Zifonun (2009) だと思われます。島村 (2014: 第 5 章) も参照してください。)

　最後に，「形容詞＋名詞」形複合名詞において，分類的修飾要素としての形容詞と主要部名詞との関係について，興味深い事実を紹介します。以下で述べることは，性質形容詞が名詞を修飾している場合には決して観察されないことです。

　上で，blackbird における段階性を欠いた形容詞 black について，その働きを詳しく見ました。形容詞 black の意味は，主要部名詞 bird の指示対象に適用されると言えます。2.2 節で見たように，鳥のクロウタドリの色は，雄は嘴と眼のまわり以外は黒です。しかしそうではなくて，複合名詞内の形容詞の意味が，主要部名詞と意味的に関係してはいても表面には直接現れない，ほかの名詞の指示対象に適用されるものも，かなりたくさんあります。たとえば (11) の greenhouse では，緑色 (green) なのは建物 (house) ではなくて，そこに栽培されている植物です (A greenhouse is a building containing green plants.) (Huddleston and Pullum (2002: 1650))。(ただし OED によれば，greenhouse の green は名詞とされています。) このことは，上の (11) にある sick-bed や blacksmith などにも当てはまることであり，sick-bed では，病気 (sick) なのはベッド (bed) ではありえず，ベッドに横になっている人です。日本語の「赤鉛筆」も同じような種類の複

合名詞だと考えられます。「赤鉛筆」といったら，外見も赤色で
あるのがふつうだと思いますが，必ずしもそうである必要はあり
ません。しかし芯は赤色でなければなりません（窪薗（1995:
54））。この複合名詞の場合，分類的修飾要素である「赤」は，青
鉛筆や黒鉛筆などほかの色の鉛筆と区別することによって，主要
部名詞の「鉛筆」を分類する働きをしています。このことに関し
ては，これまで見た「形容詞＋名詞」形複合名詞と同様です。し
かしこの複合名詞では，「赤」は鉛筆ではなくて鉛筆の芯を修飾
していると解釈されます。そこで，分類的修飾要素の「赤」は，
芯の色にもとづいて鉛筆を分類している，ということになりま
す。

2.5. 語としての緊密性：語と句の区別

　本章の冒頭で触れたように，語は句とは違って，内的にまとま
りのある単位を構成すると言われています。語のこの性質は一般
に，「語彙的緊密性」（lexical integrity）と呼ばれます。integrity
という語は，*ODE* には 'the state of being whole and undivid-
ed' という語義が示されていますが，おおよそ「全体として一つ
にまとまっていて，それ以上細かく分割されないこと」という意
味です。語のもつ語彙的緊密性という性質を明らかにするため
に，これまでいくつかの原理が理論的に公式化されてきました。
ここでは，Anderson（1992: 84）の提案をもとに，語彙的緊密性
の原理を下の（19）のように規定した上で，この原理を支持する
と考えられるこれまで指摘されてきた事実を，いくつか具体的に
見ていくことにします。

第2章 現代形態論　79

(19) 語彙的緊密性の原理

統語規則は，(i) 語の内部構造を操作せず，(ii) 語の内部構造にアクセスすることもしない。

本章の最初の部分で，語彙的緊密性を示す例として (3b, c)（下の (20a) として再録）を挙げて，複合語の hotel room の場合，形容詞 wide がこの複合語全体を修飾することはできても，この形容詞を hotel と room の間に挿入することは許されないことを見ました。これと同様の例を (20b-d) に示します。

(20) a. *hotel wide room／wide hotel room

b. *pet empty shop／empty pet shop（空っぽのペットショップ）

c. *life expensive insurance／expensive life insurance（高価な生命保険）

d. *state big deficit／big state deficit（国の大幅な赤字）

日本語でも同様のことが言えます。(21) を参照してください。

(21) a. *2 階建安いアパート／安い 2 階建アパート

b. *甘柔らかい柿／柔らかい甘柿

(21a) の場合，「2 階建安アパート」なら容認できますが，これは「安アパート」自体が「形容詞＋名詞」形の複合語だからです。(20) や (21) のような事実は，上記の語彙的緊密性の原理 (19) のうち，(i) の「語の内部構造の操作の禁止」に抵触しているものとみなされます。たとえば複合語の hotel room の間に形容詞 wide が挿入されると，この語は内部に wide room という名詞句

を含むことになります。しかし，句の構造は通常，文の構造（統語構造）を導くために適用される統語規則によって形成されるものであり，したがって語は句を内部に含むことができません。

また，ある語が，複合語の内部にある要素のうちの一つだけを修飾することもできません。たとえば程度の副詞 very, quite, rather などが複合語内部の形容詞を修飾することは許されません。本章の冒頭（1）の *very tightrope や，（7）の *very black-bird がその例です。また，下の（22）では，green house が名詞句ならば，(a) のように dark を付けて green を修飾できますが，しかし (b) に示したように，dark が複合語である greenhouse の中にある green だけを修飾することは許されません（dark がこの複合語全体を修飾するという解釈なら容認されます）（Klinge (2009: 157) 参照）。

(22) a. [dark green] house（濃い緑の家）
　　 b. *[dark green]house
　　　　 [dark が複合語 greenhouse 内の green を修飾すると解釈]

日本語についても同様です。(23) を参照してください。

(23) *とても安アパート／とても安いアパート

副詞の「とても」は，複合語の「安アパート」の中にある形容詞語幹の「安」だけを修飾することはできません。なお「超安アパート」なら可能ですが，「超」を接頭辞（相当）とみなせば反例にはならないでしょう。

また，下記（24）では，下線部の指示代名詞 this，定冠詞 the，属格の名詞句 the lady's はいずれも，限定詞（Determiner）と呼

ばれる範疇に属する要素ですが，これらの要素が，複合語 hotel room の中にある hotel だけを修飾することは認められません。（一方，(24) は，これらの要素が各々複合語全体を修飾していると解釈したならば可能です。）

(24) *this／*the／*the lady's hotel room

　　　[下線部の要素が hotel room の中の hotel だけを修飾すると解釈]

さらに (25) のように，上記の要素が hotel と room の間に挿入されて，主要部名詞の room だけを修飾することも認められません。

(25) *hotel this／the／the lady's room

ここでもう一度，語彙的緊密性の原理 (19) に注目します。この原理の前半の (i) は「語の内部構造の操作の禁止」，後半の (ii) は「語の内部構造へのアクセスの禁止」を示しています。この両者の違いについてここで簡単に触れておきます。(7) の *very blackbird に関して，「複合語 blackbird の内部に程度の副詞 very を挿入して black を修飾することは許されない」という説明をするならば，「語の内部構造の操作の禁止」を示したことになります。*[N [AP very black]bird] は認められない，ということです。代わりに，「very が複合語の blackbird の前に置かれている場合，この副詞が複合語の中の black だけを修飾することは許されない」という説明をするならば，「語の内部構造へのアクセスの禁止」を示したことになります。*very [N blackbird] は認められない，ということです。

82

ここでさらに，下の (26) と (27) の複合名詞を見ましょう（島村 (2014: 30, 34–35)）。

(26) a. trawler [dry dock] （トロール漁船用乾ドック），classroom [blackboard] （教室の黒板），cocktail party [small talk] （カクテルパーティーでのおしゃべり）

    b. [white-water] rafting （急流下り），[high-school] dance （高校でのダンスパーティー），[smallpox] vaccination （天然痘の予防接種），[old-boy] network （オールドボーイネットワーク）

(27) [big car] trip （大型の車を利用した旅），[cool air] temperature （冷気の温度），[fresh fish] market （鮮魚マーケット），[warm milk] foam （暖かいミルクの泡），[hot night] wind （暑い夜の風），[new road] projects （新しい道路の計画），[red rose] petals （赤いバラの花びら）

(26a, b) は「名詞＋名詞」形の複合名詞であり，括弧内の「形容詞＋名詞」形が，(26a) では主要部，(26b) では非主要部の位置に生起しています。先の (20) で，形容詞を複合語の内部に挿入することはできないことを見ました。しかし (26) の複合名詞では，(a) も (b) も括弧内に形容詞を含んでいて，括弧内の名詞のみを修飾しています。それでは (26) の複合名詞は語彙的緊密性の原理 (19) の反例かというと，そうではありません。括弧内の「形容詞＋名詞」形はすべて特殊化した意味をもつ語彙化した複合語であり，各々が一つの語彙項目としてレキシコンにリストされています (2.3 節参照)。そこで，この形がそのまま，(26a, b) の「名詞＋名詞」形複合名詞の主要部と非主要部の位置にそれぞ

れ挿入される，と考えることができます。

　問題は（27）の「名詞＋名詞」形複合名詞です。「名詞＋名詞」形複合名詞の非主要部に「形容詞＋名詞」形が生起している場合，その「形容詞＋名詞」形を，語彙化（ないし慣用化）した名詞句とみなす先行研究もありますが（Carstairs-McCarthy（2002），Giegerich（2009）など），しかし（27）の括弧内の「形容詞＋名詞」形はどれも意味的にほぼ透明で，特殊化しているようには思われません。（COCA を検索すると，（27）以外にも，非主要部の「形容詞＋名詞」形が透明な意味をもつ例がたくさんあることが分かります。島村（2014: 34-35）を参照してください。）また，（27）の括弧内の「形容詞＋名詞」形は，（26）の場合とは対照的に，後ろの名詞に強勢が置かれる句強勢のパタンをもっています。

　（27）の「名詞＋名詞」形複合名詞に関して，ここで指摘しておきたい事実がもう一つあります。上で，（27）では，括弧内の「形容詞＋名詞」形のもつ意味がかなり透明であるということを述べましたが，しかし，意味の合成性を保持しているならば，どんな「形容詞＋名詞」形でも許されるのかというと，事実はそうではありません。たとえば，small car driver と green car driver，small car shop と green car shop を互いに比較対照すると，どちらの場合も，green car を含む複合語のほうが容認度が下がるということが指摘されています（Sproat（1993: 251-252）参照）。同様に，small dog breeder と brown dog breeder を比較すると，後者はほとんど容認できないということも報告されています。

　（27）の複合名詞については，2.10 節で再度取り上げて，どのように形成されると分析するのが妥当なのか，具体的に検討します。

ここで，複合名詞に統語規則が適用できるかどうかを見てみましょう。ここでは one 置換規則と it 置換規則を取り上げます。(28a) に示したように，one 置換規則によって，名詞 board を one で置き換えることはできますが，(28b) のように board が「形容詞＋名詞」形複合名詞の内部にある場合には，この規則は適用できません。

(28) a. We want both a red <u>board</u> and a black <u>one</u>.
　　 b. *We want a black<u>board</u> and a red <u>one</u>.

また，(29a, b) に示したように，it 置換規則によって，代名詞 it は名詞句の the dog を指すことはできますが，しかし dog が「名詞＋名詞」形複合名詞の内部にあるときには，この規則は適用できません。

(29) a. Betty made a house for <u>the dog</u>, and Cathy cooked some food for <u>it</u>.
　　 b. *Betty made a <u>dog</u>house, and Cathy cooked some food for <u>it</u>.

ここまで，語がもつ語彙的緊密性という特徴を，(19) の原理にもとづいて，主として先行研究で指摘されてきた事実について具体的に見てきました。しかし，これまでの研究で完全には説明できない事実があるように思われます。以下ではそのような事実を二つ挙げます。

まず第 1 に，上の (20) で見たように，複合名詞の内部に性質形容詞は挿入できません。しかし 2.8 節で説明するように，形容詞であっても，名詞に接尾辞を付けることによって作られる関係

形容詞（relational adjective）と呼ばれる形容詞ならば（たとえば habitual, nuclear, religious, scientific），下に示した (30) の例（島村 (2015: 24) より）のように，「名詞＋名詞」形複合名詞の二つの名詞の間に自由に挿入することができます。

(30)　city political problem（都市の政治問題），New York financial markets（ニューヨーク金融市場），two-syllable phonological word（2音節の音韻語），government financial support（政府の財政支援），Texas legislative council（テキサス州立法審議会），student religious group（学生の宗教団体），community social services（地域の社会福祉事業）

第2に，(31)（Bauer et al. (2013: 432) から引用）に示したように，「名詞＋名詞」形複合名詞の場合，二つの名詞の間に別の名詞を挿入することが可能です。

(31)　council health program（地方議会の健康促進プログラム），state budget deficit（国の財政赤字）

なぜ複合名詞の二つの名詞の間に性質形容詞は挿入できないのに，名詞だとそれが可能なのでしょうか。

　次節では形容詞と名詞の違いについて考察し，上で触れた関係形容詞と性質形容詞の違いについては，のちに2.8節で述べます。

2.6.　名詞と形容詞の違い：類に言及するか？

　前節で形容詞は複合語の内部に挿入できないことを見ました。以下では，形容詞が挿入できないのはなぜなのかを考えたいと思

います。そこでまず，2.4節で述べた類（タイプ）に関して，名詞と形容詞に違いがあるかどうかを見ていきます。

2.4節で，名詞は特定の指示対象に言及するだけでなく，総称的に類に言及するということを述べました。名詞は一般に，複数の特性の集合によって特徴づけられますが，しかしそのような複数の特性を一つ一つ挙げただけでは，名詞を完全に規定することにはなりません。たとえば動物の馬と牛の場合，馬と牛それぞれがもつ複数の特性を列挙してみても，結局，馬とは何か，牛とは何かということを完全に記述したことにはならないのです。名詞はこのような特徴をもつので，類に言及できますが，しかし一方，形容詞は一般に，何らかの単一の属性だけを指定するものであり，類に言及することはできません。たとえば「長さ」という属性に対して，英語ではその程度に応じて long や short というような形容詞を用い，また，「広さ」という属性なら，形容詞の wide や narrow などを用います。ほかに「高さ」「大きさ」「色彩」「形状」など，一つ一つの属性が形容詞によって示されます。（類に言及するかどうかに関する名詞と形容詞の違いは，Wierzbicka (1986)，Murphy (2010)，Cruse (2011) などを参照してください。）

上述のような名詞と形容詞の違いは，言語獲得の先行研究によっても裏付けることができます。そのような研究の中から，Gelman and Markman (1985) の実験の一部を以下に，概略ですが，紹介しましょう。

第2章　現代形態論　　87

(32)　Gelman and Markman (1985) の実験

［実験 (a)］

　4歳児の子どもたちに，赤，青，黄色のチョウの絵3枚と，さらに，赤い色の椅子の絵を1枚提示する。その上で，"Show me the red one." と子どもに言う。すると，子どもたちは赤い色の椅子 (red chair) ではなく，赤いチョウ (red butterfly) を選ぶ傾向があった。

［実験 (b)］

　実験 (a) と同じ4歳児の子どもたちに，赤い色のボール，タコ (kite)，(玩具の) こま (top) の3枚の絵を示し，さらに青いボールの絵を1枚示す。その後，"Show me the ball." と子どもたちに言う。この場合，子どもたちは赤いボールと青いボールと，特にどちらを選ぶということはなかった。

　上の［実験 (a)］の結果は，子どもが赤いチョウを，青いチョウおよび黄色いチョウと区別して選んでいることを示すものであり，形容詞は，類に言及する名詞に属性を付与する範疇であることを示していると言えます。また，［実験 (b)］の結果は，名詞は修飾する形容詞には関係なく，なんらかの類に言及することを示していると言えます。

　以下では「名詞＋名詞」形の guest room (来客用寝室) と「形容詞＋名詞」形の large room (大きい部屋) を具体的に取り上げながら，これまで説明してきた名詞と形容詞の違いを確認します。large room の場合，room が large に修飾されることによって，room の指示対象の領域はそれだけ狭まるといえます。guest room もこの点では同様で，room の指示対象を一部に限定します。したがって large room と guest room はどちらも，主要部名詞 room の指示対象の下位集合に相当するという点では共通しているといえます。しかし類（タイプ）という観点から見ると，両者は明らかに異なることに注意してください。guest room の場合，前項の名詞 guest が後項の名詞 room を修飾することによって，room によって示される類（タイプ）の下位類（下位タイプ）である guest room が新たに導かれます。一方 large room の場合は，名詞 room が形容詞 large によって修飾されると，large が表す大きいという属性が room に付与されるので，確かに名詞 room の指示対象の意味内容はそれだけ豊かになると言えますが，一般に形容詞は類に言及することはできないため，large room を用いることによって，room によって示される類からその下位類が導かれるということはありません。

　類（タイプ）に関する上述の guest room と large room の違いは，構造の違いに対応することに注意してください。「名詞＋名詞」形の guest room は，句の構造ではなく語の構造をもちます。逆に「形容詞＋名詞」形の large room は句の構造をもち，語の構造をもつものではありません。

2.7.　複合名詞の語彙的緊密性

　以下では，「名詞＋名詞」形と「形容詞＋名詞」形の複合名詞を，その意味機能と構造の両面から検討します。2.4 節で，この二つの複合名詞は，非主要部の名詞と形容詞がともに分類的な機能をもつために，主要部名詞によって示される類（タイプ）の下

位類（下位タイプ）に言及するということを，指摘しました。別の言い方をすれば，非主要部の名詞と形容詞とはともに，主要部名詞が言及する類（タイプ）からその下位類（下位タイプ）を導く働きをします。そこで，「名詞＋名詞」形複合名詞の場合，主要部の名詞と非主要部の名詞は両方とも，類（タイプ）に言及するものでなければならず，特定の指示対象には言及せずに非指示的です。また「形容詞＋名詞」形複合名詞においても，非主要部の形容詞は通常とは違って，非段階的でなければなりません。2.6節では，形容詞は名詞と違って，一般に類（タイプ）に言及することはできないということを見ました。「形容詞＋名詞」形複合名詞の blackbird は鳥の一種であるクロウタドリを意味しますが，名詞句の black bird は鳥の一種の意味にはなりません。また，「名詞＋名詞」形複合名詞の hotel room は，class room（教室）や coffee room（喫茶室），library room（図書室）などとともに，room が示す類の下位類に言及します。それに対して，対応する名詞句の room in a hotel では，room に後続する前置詞句の in a hotel は，名詞 room の指示対象に対して場所に関する限定を加えるものであって，room が言及する類からその下位類を導く働きをするものではありません。

　上で，複合名詞のもつ意味機能を，名詞句と対比しながら整理しました。意味に関する両者の違いは，両者がもつ構造の違いと密接に関係していると考えられます。

　ここまで述べてきたことからすでに，複合名詞の構造の内部に生起する要素は，名詞句の構造の中に生起する要素に比べて，数も種類も限られており，いわば構造的な自由度が低いことが予測されますが，事実はその通りです。複合名詞は語レベルの構造を

もち，語彙的緊密性の原理 (19) に従わなければなりません。

　複合名詞に関して，2.5 節でこの原理を支持する事実を具体的に見ました。以下で整理しましょう。第 1 に，「名詞＋名詞」形複合名詞において，非主要部名詞と主要部名詞の間に，形容詞や指示代名詞など他の要素を介在させることは許されません ((20) (21) (25) 参照)。もっと一般的に言えば，「名詞＋名詞」形複合名詞の構造では，分類的修飾要素である非主要部の名詞は，必ず主要部名詞に隣接していなければなりません。第 2 に，「名詞＋名詞」形複合名詞において，冠詞や指示代名詞，属格の名詞句などが，非主要部の名詞だけを修飾することは認められません ((24) 参照)。第 3 に，「形容詞＋名詞」形複合名詞において，非主要部の形容詞が，程度の副詞や他の形容詞によって修飾されることは許されません ((7) (8) (22) (23) 参照)。このように，複合名詞は名詞句とは違って，語として構造的に緊密なまとまりを構成しているのです。

2.8.　関係形容詞と性質形容詞

　上の 2.7 節で，語としての緊密性を支持する一つの事実として，(20) に示したように，形容詞を語の内部に介在させることは許されないことを見ました。しかし英語において，関係形容詞と呼ばれる種類の形容詞ならば，(30)（下に (33) として再録）に示したように，「名詞＋名詞」形複合名詞の二つの名詞の間に挿入することができます。（なお関係形容詞は，名詞的形容詞 (denominal adjective) などと呼ばれることもあります。）

(33) city political problem（都市の政治問題），New York fi-
nancial markets（ニューヨーク金融市場），two-syllable
phonological word（2音節の音韻語），government finan-
cial support（政府の財政支援），Texas legislative council
（テキサス州立法審議会），student religious group（学生の宗
教団体），community social services（地域の社会福祉事業）

(33) の下線部の関係形容詞と，これまで見てきた性質形容詞に
はどのような違いがあるのでしょうか。下で詳しく見ますが，結
論から先に述べると，関係形容詞はもともと非段階的な形容詞で
あり，主要部名詞を分類する働きをもつ分類的修飾要素です。

　関係形容詞は名詞に接尾辞を付けることによって作られます。
ラテン語起源の接尾辞（-al, -ar, -ic, -our など）が付加された
語がほとんどで，英語本来の接尾辞 -en の付いた語は wooden
など数が限られています。また関係形容詞は，範疇は形容詞です
が，その表す意味は元になっている名詞の意味と実質的に同じも
のです。事実，「関係形容詞＋名詞」形と「名詞＋名詞」形と両方
とも可能なものがたくさんあります。以下を参照してください。

(34) atomic bomb / atom bomb（原子爆弾）

industrial output / industry output（工業生産高）

dramatic criticism / drama criticism（劇評）

prepositional phrase / preposition phrase（前置詞句）

(34) にある関係形容詞の atomic を *OED* で調べると，その語
義は 'of or pertaining to atoms'（原子の；原子に関する）と記され
ています。atoms（原子）は atomic の元になっている名詞です。

OED の語義に出ている 'of or pertaining to' は，atomic の品詞が形容詞であるということを示しているだけであり，名詞の atom から形容詞の atomic へと品詞が変化することによって何か特定の意味が加わるということではありません。また関係形容詞の中には，urban（都会の）や dental（歯の）など，対応する名詞と形の上では関係のない関係形容詞もあります。しかし（35）のように，そのような関係形容詞でも名詞と意味が同義です。

(35)　dental decay／tooth decay（虫歯）
　　　urban policeman／city policeman（都会の巡査）

先の（14）で，「名詞＋名詞」形複合語の例として「名詞＋cake」形の語を挙げて，二つの名詞の間にはさまざまな意味関係が可能であることを見ました。同じことが「関係形容詞＋名詞」形についても言えます。(36) の「electrical＋名詞」形（Levi (1978: 52) より引用）を見てください。

(36)　electrical clock（電気時計），electrical shock（電気ショック），electrical generator（発電機），electrical heating（通電加熱）

electrical と名詞との間の意味関係はさまざまで，予め規定することはできません。(36) の electrical clock は「電気で作動する時計」，electrical shock は「電気によって引き起こされるショック」，electrical generator は「電気を生み出す電力機器」，electrical heating は「電気による熱の供給」であり，electrical と主要部名詞との間にはいろいろな意味関係が成立します。

次に，関係形容詞と（前節までに見てきた）性質形容詞との違

いに注目しましょう。下の (37) から明らかなように，関係形容詞は非段階的な形容詞です。また (38)（島村 (2014: 60) より）に示したように，通常は叙述的に用いることができず，常に名詞の前に生起して名詞を修飾する限定的な用法しかもちません。

(37)　medical examinations（健康診断）/ *very medical examination

federal tax（連邦税）/ *rather federal tax

athletic facility（運動施設）/ *extremely athletic facility

(38)　a rural policeman（田舎の巡査）/ *a policeman who is rural

an electrical engineer（電気技師）/ *an engineer who is electrical

a solar generator（太陽発電機）/ *a generator which is solar

　関係形容詞と性質形容詞の区別でさらに注意したいことがあります。性質形容詞と関係形容詞がともに名詞を修飾して限定的に用いられるときには，通常，(39a-c) のように，関係形容詞が名詞に一番近い位置，つまり名詞に隣接して現れます。

(39)　a.　safe nuclear energy（安全な核エネルギー）/ *nuclear safe energy

b.　famous electric company（有名な電気の会社）/ *electric famous company

c.　a small old athletic center（小さな古い運動施設）/ *an athletic small old center / *a small athletic old center

　さらに，関係形容詞の元になっている名詞は，特定の指示対象に言及するのではなく，総称的で非指示的であると言えます。下

94

の例を見てください。((40) (41) はともに，Levi (1978: 207) を多
少改変したものです。)

(40) a. the managerial dismissal（部長の解雇）
    b. ＝dismissal of managers
    c. ≠dismissal of the manager
(41) a. the dramatic analysis（劇の分析）
    b. ＝analysis of dramas
    c. ≠analysis of the drama

(40) の (a) は関係形容詞の managerial を含み，(b) と (c) は
元になっている名詞 manager を含んだ表現ですが，前者の (a)
は後者の (b) と (c) のどちらの解釈になるのでしょうか。(b)
のほうです。(b) では managers は the を伴わず，特定の部長に
言及するわけではないので，非指示的です。(41) についても同
じことが言えます。(a) の dramatic の元にある名詞 drama は特
定の劇には言及しないので，(b) の解釈になります。

　次に，「関係形容詞＋名詞」形には one 置換規則が適用可能か
どうかということですが，これについては事実を挙げるだけにし
ます。(42) など容認できないものもありますが，(43) などは容
認可能であり，少々事情が込み入っているように思われますの
で，「関係形容詞＋名詞」形にこの統語規則が適用できるかどう
かについては，本章ではこれ以上追求しないことにします。((42)
と (43) は Giegerich (2005: 580) と Giegerich (2009: 196) からそれぞ
れ引用したものです。)

(42) *Is he a constitutional lawyer or a criminal one?

(43) Is this the medical building or the dental one?

　ここで，関係形容詞についてこれまで述べてきたことを整理してみましょう。主に以下の四つのことを述べました。第1に，関係形容詞は，範疇は形容詞ですが，意味は元にある名詞と同じです（(34)(35)参照）。第2に，非段階的な形容詞であり，名詞を修飾する限定的な用法しかありません（(37)(38)参照）。第3に，主要部名詞に隣接して現れなければなりません（(39)参照）。第4に，元になっている名詞は非指示的で特定の指示対象には言及しません（(40)(41)参照）。

　上記四つの事実から，少なくとも以下の二つのことが分かります。第1に，「関係形容詞＋名詞」形は，語彙的緊密性の原理(19)に従っていることは明らかであり，したがって句ではなく語とみなすべきです。この点で，「性質形容詞＋名詞」形が基本的には句の構造をもつのとは，大きく異なっています。第2に，「名詞＋名詞」形および「形容詞＋名詞」形の複合名詞の場合と同じく，関係形容詞が主要部名詞を修飾することによって，主要部名詞によって示される類（タイプ）からその下位類（下位タイプ）が導かれると言えます。たとえば Japanese cuisine（日本料理）は，世界のどの地域の料理かを基準にして cuisine（料理）を分類したものの一つで，ほかに Chinese cuisine（中国料理），Russian cuisine（ロシア料理），Italian cuisine（イタリア料理），French cuisine（フランス料理）などたくさんあります。また，digital clock（デジタル時計）では，digital が clock を修飾することによって，clock によって示される類からその下位類が導かれ，他の種類の時計（たとえば alarm clock（目覚まし時計），hanging clock（掛け時計），

electronic clock（電子時計），astronomical clock（天文時計））と区別されます。

ここで，「関係形容詞＋名詞」形，「形容詞＋名詞」形複合名詞，「名詞＋名詞」形複合名詞の三者について，相違点を確認しましょう。professional athlete（プロのスポーツ選手），blackbird, hotel room を例にして構造を示すと，(44a-c) のようになります ((44a) の Relational Adj (= Relational Adjective) は関係形容詞)。(blackbird の構造はすでに (4a) に示しましたが，下に (44b) として再録します。)

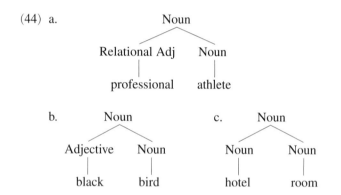

上の三つの構造では，非主要部の位置にある関係形容詞の professional, 形容詞の black, 名詞の hotel はすべて分類的修飾要素であり，それぞれ主要部名詞を修飾しています。しかし一方違いもあります。(44a) の関係形容詞 professional は名詞 athlete を修飾することによって分類的な機能をもちますが，形容詞の black は本来は性質形容詞であって，この形容詞が bird を修飾することによって分類的な機能をもつのは，(44b) のように複合

名詞の中に現れて名詞を修飾するときだけです。また，(44a, b) の professional と black はどちらも範疇が形容詞であるため，分類的修飾要素にはなりますが，主要部の位置に現れることはできません。一方，hotel は名詞であり，(44c) ではこの名詞は分類的修飾要素として room を修飾していますが，しかし主要部の位置に現れることも可能です。

2.5 節で語彙的緊密性の原理 (19) について説明したとき，性質形容詞は「名詞＋名詞」形の複合名詞の内部には挿入できないのに，なぜ関係形容詞ならそれが許されるのだろうか，という疑問を提出しました。(30) の city political problem の構造を (45) に示すことによって，その理由を説明します。

(45)

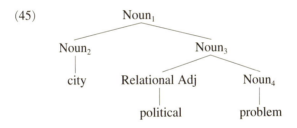

(45) は階層構造です。構造の下から見ていきましょう。名詞$_4$ に関係形容詞が付加されて名詞$_3$ の構造が形成されます。次に名詞$_2$ が名詞$_3$ に付加されて名詞$_1$ の構造，つまり city political problem 全体の構造である (45) が導かれます。この構造では，political は関係形容詞であり，名詞$_4$ である problem の分類的修飾要素とみなされます。また，名詞$_2$ の city が名詞$_3$ の political problem に隣接しているので，city は political problem の分類的修飾要素とみなすことができます。したがって，problem

の下位類が political problem であり，さらに，その political problem の下位類に相当するのが city political problem である，と解釈されます。つまり (45) では，関係形容詞の political と名詞の city の2つが分類的修飾要素として階層的に配置されているために，city political problem は，類としての problem に対してその2段階下の下位類に相当するわけです。

2.5 節で語彙的緊密性の原理 (19) に言及したときに提出したもう一つの疑問は，「名詞＋名詞」形複合名詞の二つの名詞の間に形容詞は挿入できないのに，名詞なら挿入できるのはなぜか，ということでした。この疑問に対する答えは，たとえば council health program (31) の以下の構造を見れば一目瞭然でしょう。

(46)

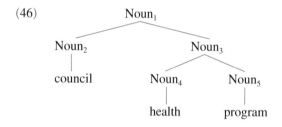

(46) の構造では，上の (45) の構造の中にある関係形容詞の位置に名詞$_4$が生起しており，名詞$_4$と名詞$_2$がそれぞれ名詞$_5$と名詞$_3$の分類的修飾要素とみなされるわけです。

次に，関係形容詞について注意しておきたいことを追記します。先に (37) を挙げて，関係形容詞は非段階的な形容詞であると述べました。しかし実は，関係形容詞の中には (47)-(49) に示すように，性質形容詞に転用の可能なものもかなりあります (例はいずれも Farsi (1968: 56) より)。

(47) a. new dramatic experiments（演劇についての新しい試み）

b. dramatic new experiments（印象的な新しい試み）

(48) a. old religious conflicts（昔の宗教対立）

b. religious old men（信仰心の厚い年配の男性）

(49) a. a new legal adviser（新しい法律顧問）

b. a perfectly legal new venture

（完全に合法的な新規事業）

(47)–(49) では (a) の下線部が関係形容詞，(b) の下線部が性質形容詞に転用されたものです。両者の意味の違いおよび生起する位置の違いに注意してください。

また，関係形容詞は名詞に接尾辞を付けることによって作られるということを上で述べましたが，名詞から派生した形容詞がすべて関係形容詞であるというわけではありません。たとえば childish, colorful, motherly, muddy などは名詞に接尾辞が付いた形容詞ですが，(50)（島村（2014: 61）より）に示したように段階的で程度の副詞による修飾が可能であり，叙述的に用いることができます。

(50) The suburb is muddy.

The advertisement is very colorful.

日本語の名詞から派生する形容詞も，性質形容詞と考えられます。たとえば「子どもっぽい」「脂っこい」「田舎くさい」「夏らしい」などです。このように見ていくと，英語の関係形容詞のさまざまな特徴のうち，特に (i) 名詞から作られ，(ii) 主要部名詞に隣接して現れ，(iii) 分類的機能をもつ，という三つの点で，

英語の関係形容詞と同一の（ないし類似の）範疇が日本語にも存在するのだろうか，と考えたくなります。筆者は島村（2014）では存在しないと述べましたが，本章ではこのことに関しては結論を控えて，今後さらに考えてみたいと思います。

ここで，「関係形容詞＋名詞」形の意味の語彙化について，具体例を挙げながら説明します。上で，cuisine（料理）を下位分類した表現として，Japanese cuisine や French cuisine などを挙げました。これらの表現は意味が語彙化しているため，各々が独立した語彙項目としてレキシコンにリストされていると考えられます。それに対して，同じく国や地域を表す関係形容詞であっても，それらがたとえば government（政府）を修飾している場合には，Japanese government（日本政府）や French government（フランス政府）などの表現は語彙化していないと考えられます。以下で，語彙化した表現として Japanese cuisine，語彙化していない表現として Japanese government を取り上げて，このことを見てみましょう。

一般に，関係形容詞の意味は関係形容詞の元になっている名詞を含む前置詞句で書き換えることが可能であり（長野（2015）など参照），事実，Japanese government は government of Japan と言い換えることができます。一方，Japanese cuisine の場合には，cuisine from Japan, cuisine of Japan, cuisine in Japan などの表現はどれも，Japanese cuisine の言い換えとしては不十分だと思われます。Japanese cuisine は，日本で（よく）食べる料理というような一般的な意味ではなく，日本の料理の中でも特に「日本で発達した伝統的な」料理で，「材料の持ち味を生かし，季節感や盛付けの美しさを重んずるのが特色」である料理（『広辞苑』）

第 2 章 現代形態論　　101

を意味するからです。Japanese cuisine が Japanese government と違って，語彙化した表現であることは，例えば American Japanese cuisine（アメリカ的な日本料理）のような表現が矛盾にはならないことからも明らかだと言えます。また，Japanese government の場合は，Japan's government という言い方も可能ですが，Japanese cuisine の場合には，*Japan's cuisine や *Japan cuisine などとはふつう言いません。一般に語彙化した表現は，形態が確立し，固定化していることが多いと言えるかもしれません。

　以上本節では，「関係形容詞＋名詞」形は，「名詞＋名詞」形や「形容詞＋名詞」形の複合語と同じく分類的修飾要素を含み，句ではなく語とみなすべきであるということを述べました。しかしながら，この形が複合語と言えるのかどうかに関しては，直接何も触れませんでした。次の 2.9 節でこのことについて考察します。

2.9.　3 種類の合成語：複合語か？

　2.2 節では，blackbird や「長靴」など「形容詞＋名詞」形の語と，apple cake や「研究会」など「名詞＋名詞」形の語を，ともに複合語として扱いました。事実，これらの語は，従来から一般に，複合語とみなされてきたと言って差し支えないと考えられます。本節では，2.8 節で見た「関係形容詞＋名詞」形を含めて 3 種類の合成語を具体的に取り上げて，それぞれを複合語とみなすことができるのかどうかについて考えてみたいと思います。

2.9.1.　green tea など：句強勢パタンをもつ語彙化した「形容詞＋名詞」形

上の (11) に示した複合語の blackbird などは，前部要素の形容詞に強勢が置かれます。それに対して，下の (51) の「形容詞＋名詞」形は意味的に語彙化していますが，しかし後部の主要部名詞に強勢が置かれる句強勢のパタンをもっています。

(51)　black ice（（道路表面に張り，地面と同色の）薄くて堅い氷），brown ale（ブラウンエール：甘口の黒ビール），green tea（緑茶），high court（最高裁判所），red giant（赤色巨星），red squirrel（アカリス），white witch（善魔女）（Bauer et al. (2013: 435)）; hard liquor（蒸留酒），old maid（オールドミス），wild leek（野ネギ（ネギ属の一種））（Liberman and Sproat (1992)）; heavy water（重水）

(51) の「形容詞＋名詞」形は，blackbird のような複合語と同じように *a very red squirrel とは言えず，また，意味の合成性を欠いているので，brown red squirrel（茶色のアカリス）と言っても矛盾にはなりません（Bauer et al. (2013: 435) 参照）。それにもかかわらず，発音は句強勢のパタンであるため，Bauer et al. (2013) は複合語と区別して，(51) の形を，語彙化した名詞句 (lexicalized noun phrase) とみなしています。つまり，(51) の「形容詞＋名詞」形の表現は各々，名詞句の構造を保持した状態で一つの語としてレキシコンにリストされ（てい）る，という分析です。たとえば green tea の場合，以下のような内部構造をもつと考えられます。

(52)

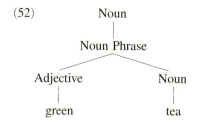

(52)の構造では，green tea 自体は名詞ですが，その構造は形容詞と名詞から成る名詞句から構成されています。別の言い方をすれば，(52)の構造は，名詞句が名詞として再分析されることによって導かれる構造である，ということになります。(ただし Bauer (2017: 94) では，(51)のような「形容詞＋名詞」形も複合語であると提案されています。本章ではこの提案には立ち入りません。)

以上，green tea など(51)に挙げた表現は，blackbird のような「形容詞＋名詞」形複合名詞とは異なる構造をもつことを見ました。しかしここで注目したいのは，これらの表現でも「形容詞＋名詞」形複合名詞と同じく，非主要部の形容詞が分類的な機能を担っているということです。green tea は，green によって，black tea（紅茶）や oolong tea（烏龍茶）などほかの種類の tea と区別されます。また，high court では，high が，ほかの種類の court（lower court（下級裁判所）など）と区別して court を分類する働きをしています。

ここで注意したいのは，「形容詞＋名詞」形の中には(51)とは違って，語か句かの区別が難しいものがあるのではないかということです。英語の場合は日本語などと違って，「形容詞＋名詞」形は語であろうと句であろうと，非主要部の形容詞は形が同一で区別がありません。ゲルマン諸語の中で，統語構造において主要

部名詞との一致を示す数・性・格などの屈折語尾が形容詞に付かないのは英語だけです（Klinge (2009) 参照）。そのため，「形容詞＋名詞」形のうち特に句強勢のパタンをもつものに関しては，実際のところ，この形が文脈無しで単独で用いられると，句か語かあいまいなものがあります。上の (51) の「形容詞＋名詞」形の多くは語彙化した語として解釈するのがふつうですが，しかしheavy metal や short story などは語と句と両方の解釈が可能です（「重金属」と「重い金属」，「短編小説」と「短い小説」）。さらには，fresh air, fresh water, small town, young people など，実在の語としてレキシコンにリストされ（てい）るのかどうか，必ずしも定かではないものも存在するのではないかと思われ（島村 (2017) 参照），語彙化がどの程度進んでいるのか，個々の「形容詞＋名詞」形ごとにその程度がさまざまに異なるのではないかと考えられます。

2.9.2.　women's magazine など：「属格 -'s 付き名詞＋名詞」形

　接辞には，派生語を作るときに付けられる派生接辞と，ある語が文中でどのような文法的な働きをするかを示すためにその語に付けられる屈折接辞があります（0.2 節も参照）。一般に，屈折接辞は語の内部に現れることができないと言われています。たとえば girlfriend （ガールフレンド）の girl に複数を示す屈折接辞を付けて *girlsfriend とは言えません。development という派生名詞の元になっている動詞 develop に過去形の屈折接辞を付けて *developedment とすることもできません。しかし属格（所有格）の接辞 -'s については，この接辞が付いた名詞を含みながら語と

みなされる場合があります。名詞句 the women's magazine を取り上げてみましょう。この名詞句は「その女性たちの雑誌」と「その女性雑誌」と二つの解釈が可能で、それぞれ (53a) と (53b) の構造をもちます (Determiner は限定詞)。

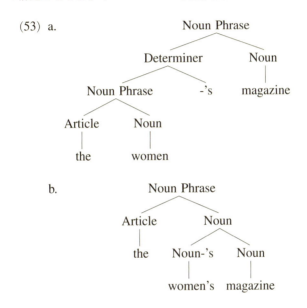

(53a) では、主要部名詞は magazine で、属格接尾辞 -'s の付いた名詞句の the women's は限定詞です。一方 (53b) では、-'s の付いた women's は名詞であり、women's magazine は句 (名詞句) ではなく語 (名詞) です。語でありながら内部に属格の -'s を含むような表現は、fool's paradise (ぬか喜び) や fool's errand (徒労)、bull's-eye (的の中心点)、cat's cradle (あやとり) のように、意味的に語彙化したものばかりではありません。women's magazine のほかに、次のようなものがあり、いずれもかなり透明な

意味をもつと言えます。

(54) children's literature (児童文学), children's room (子ども部屋), woman's hat (女性用の帽子), bird's nest (鳥の巣), men's room (男性トイレ), women's magazine (女性雑誌), children's book (児童書), women's college (女子大学), girls' school (女子校), driver's license (運転免許), bachelor's degree (学士号), user's manual (ユーザマニュアル), goat's milk (ヤギ乳), men's wear (紳士服), boys' school (男子校), fishermen's union (漁業組合), fishermen's net (漁網)

上の (53a, b) の2種類の属格の違いは，分かりやすく言えば，前者の the women's magazine は Whose magazine? (誰の雑誌ですか？) という問いに対する答としてふさわしく，それに対して，後者の women's magazine は What kind of magazine? (どのような種類の雑誌ですか？) と尋ねられたときの答になります。

(53b) の構造をもつ women's magazine は語であると上で述べましたが，上記の語彙的緊密性の原理 (19) に照らし合わせて確認しておきましょう。形容詞 old を women's の前に挿入したとします。old は women's を直接修飾できず，women's magazine 全体を修飾する解釈 (つまり「その古い女性雑誌」の意味) しかありません。また，old が women's と magazine の間に介在することも許されません。(一方 (53a) の構造なら，old をこの位置に挿入することができて「その女性たちの古い雑誌」の意味になります。) さらに，(53b) の women's magazine の women's は非指示的です。このことを明らかにするために，(53b)

の構造の中の冠詞 the を，指示代名詞の this と these に置き換えてみます。すると，(55a) は容認されますが，(55b) は許されません。

(55)　a.　this [women's magazine]
　　　 b.　*these [women's magazine]

(55a, b) の文法性の違いは，(55a) の指示代名詞 this が women's を直接修飾しているのではなく (*this women は容認不可)，women's magazine 全体を修飾していることを示しています。つまり women's magazine の women's が非指示的であるために，指示代名詞がこの名詞を修飾することは認められません。下の (56a, b) は，上の (53a) の構造の中の the をそれぞれ this と these に置き換えたものですが，(56) と (55) では，(a) と (b) の容認性がちょうど逆になっていることが分かります。

(56)　a.　*[this women's] magazine
　　　 b.　[these women's] magazine

(56b) では (55b) と違って，指示代名詞の these が women's を直接修飾しているので，women's は特定の女性に言及します。

　ここまで，「属格 -'s 付き名詞＋名詞」形が語の構造をもつ場合があることを見てきました。この形が語の構造をもつならば，当然，-'s の付いた名詞は分類的機能をもつことになります。たとえば children's room の children's は，子ども部屋を，他の種類の部屋（たとえば dining room（ダイニングルーム），bedroom（寝室），living room（居間），bathroom（浴室））と区別して room を分類する働きをします。また men's wear では men's が wear

を修飾することによって，紳士服が，ほかの種類の服（たとえば ladies' wear（婦人服），children's wear（子供服））と区別されます。

「属格 -'s 付き名詞＋名詞」形の語は，「属格複合語」，「所有複合語」あるいは「記述属格」などと呼ばれることがありますが，いずれにしても，（本章では立ち入った議論はできませんが）限定詞としての機能をもち名詞句と共起する属格の -'s と，語の内部に現れる属格の -'s と，両者の間にどのような関係があるのかについて，さらに詳細な考察が必要だと思われます。

属格接尾辞 -'s の上述の二つの用法について，さらに付け加えます。前者はいくつでも繰り返し加えることが可能ですが，後者は主要部名詞の前に一つしか使用することができません。以下を参照してください。

(57) a. my uncle's brother's friend's ... house

　　 b. *boy's children's wear

　　　　［boy's wear ないし children's wear なら容認可能］

強勢に関しては，-'s の付いた名詞に強勢が置かれる複合語強勢パタンがふつうであるということは言えると思われますが，中には fool's errand など語彙化したものでありながら，句強勢パタンを示すものもあるようです（Liberman and Sproat (1992) など参照）。

上で，属格の接尾辞 -'s は限定詞の位置に生起するだけではなく，women's magazine（女性雑誌）のように語の内部にも生起することを見ました。日本語でも，属格の「-の」を含む表現に同様のことが当てはまることを見ていきます。

「山下さんの家」のような「名詞の＋名詞」形の「名詞の」は名詞句として振舞って，「山下さんの弟の友人の家」のように，いくらでも「名詞の」を付け加えることができます。一方，「母の日」「菜の花」「世の中」「天の川」のような「名詞の＋名詞」形は語彙化した語で，多くの国語辞典に記載されています。たとえば「母の日」は，「うれしい母の日」に対して「*母のうれしい日」とは言えず，また「*私の母の日」とも言えません。また，複合語の「赤ワイン」「白ワイン」とともに「赤のワイン」「白のワイン」という言い方が可能ですが (Morita (2011: 99, fn. 12))，「赤のワイン」「白のワイン」も，句ではなく語と考えられます。間に段階的な形容詞を挿入した形の「??赤の安いワイン」や「??白の甘いワイン」などとはふつう言わないと思われます。

さらには，「名詞の＋名詞」形の表現の中には，上記の例よりももっと意味の透明なものもあり，語なのか句なのか，即座に判断するのが難しいような表現も見られます。「目薬」と「目の薬」を比べてみましょう。連濁 (2.2 節参照) が，「目薬」には観察されますが（「メ＋クスリ→メグスリ」），「目の薬」には観察されません。また意味の上でも「目薬」は眼に注す液体の薬に限定されますが，「目の薬」は飲み薬や塗り薬など点眼薬以外の薬でもかまいません。そこで，前者は「名詞＋名詞」形複合名詞であるのに対して，後者は名詞句であると考えられるかもしれません（窪薗 (1995)，並木 (2013) 参照）。しかし「目の薬」の場合，何らかの修飾要素をこの表現の前に置くことはできても，「目の」と「薬」の間に修飾要素を挿入できるかというと，かなり難しいように思われます。(58a, b) を対比してください。

110

(58) a. 冷たい目の薬／さしやすい目の薬／よく効く目の薬

b.??目の冷たい薬／ ??目のさしやすい薬／ ??目のよく効く薬

次に，「私の」や「山田さんの」が「目の薬」の前に置かれている，以下の表現を参照してください。

(59) 私の目の薬，山田さんの目の薬

(59) では，所有表現の「私の」と「山田さんの」はそれぞれ「目の薬」全体を修飾していて，「目の」だけを修飾するという解釈はできません。つまり，「目の薬」の「目の」は非指示的であると考えられます。また，(60a, b) から明らかなように，代名詞化の規則も，「目薬」はもちろん「目の薬」にも適用できません。

(60) a. *目薬を注す前に，それをよく洗ってください。

b. *目の薬を注す前に，それをよく洗ってください。

上の (58)–(60) の事実は，「目の薬」が語彙的緊密性の原理 (19) に従っていることを示しており，「目の薬」は語とみなすべきであると考えます。また，「目の薬」「鼻の薬」「耳の薬」などと言えることから，「目の薬」の「目の」は，主要部名詞の「薬」を分類する働きをしていることも明らかです。

次に，「川魚」と「川の魚」を比較してみます。連濁の有無の違いに関しては，上で見た「目薬」と「目の薬」の場合と同様ですが，「目の薬」は上述のように，語彙的緊密性の特徴をもつことを見ました。「川の魚」はどうでしょうか。以下を参照してください。

第2章　現代形態論　　111

　(61)　a.　小さな川の魚，新鮮な川の魚，おいしい川の魚
　　　　b.　川の小さな魚，川の新鮮な魚，川のおいしい魚

(61) では上の (58) と違って，修飾要素は，(a) のように「川の魚」の前に置くことができるだけではなく，(b) のように「川の」と「魚」の間にも挿入できます。また (62) では，指示代名詞「あの」と名詞句の「村の」は，「川の魚」全体を修飾するという解釈だけではなく，「川の」だけを修飾するという解釈も可能です。

　(62)　あの川の魚，村の川の魚

さらに以下のように代名詞化の規則も適用できます。

　(63)　a.　今日の午後，川の魚を釣るために，そこに行ってみた。
　　　　b.　今日の午後，川に行って，そこの魚を釣った。

(61)–(63) の事実から，「川の魚」は「目の薬」と違って，語（名詞）ではなく句（名詞句）であることが明らかです。

2.9.3.　political problem など：「関係形容詞＋名詞」形

　2.8 節で，「関係形容詞＋名詞」形は語であるということを説明しました。しかしこの形を複合語とみなすことができるかどうかに関しては，何も述べませんでした。以下でこのことについて考えてみたいと思います。

　Bauer et al. (2013: 435) はこの形の強勢パターンに関して，(64a, b) を挙げて，(a) は前部の関係形容詞に強勢が置かれる複合語強勢のパターンであり，一方，(b) は逆に，後部の名詞に強勢が置かれる句強勢のパターンであると指摘しています。

(64) a.　dental surgery（口腔外科），electrical engineer（電気技師），financial adviser（財務顧問），polar climate（寒帯気候），postal service（郵政業務），primary school（小学校），romantic period（ロマン派時代），social worker（ソーシャルワーカー），solar system（太陽系）

b.　atomic bomb（原子爆弾），fungal spore（真菌胞子），human genome（ヒトゲノム），linguistic behavior（言語行動），moral philosophy（倫理学），prosodic analysis（韻律分析）

Bauer et al. (2013: 435) は (64) に関して，(b) については明言していませんが，(a) は複合語強勢のパタンをもつので，複合語とみなすことができるのではないかという趣旨のことを言っています。しかしながら，強勢パタンの違いにかかわらず，「関係形容詞＋名詞」形は，「形容詞＋名詞」形および「名詞＋名詞」形複合語とは違った特徴を示すこともまた事実です。以下ではこのことについて見ていきます。

　Huddleston and Pullum (2002: 1650) によれば，形容詞が「形容詞＋名詞」形の複合語の内部に生起する場合には，その形容詞は次の (65a–c) の形態的・音韻的制限に従います。

(65) a.　音節数は 1 ないし 2 である。

b.　通常ロマンス語源ではなくゲルマン語源である。

c.　ほとんど例外なく単一の形態素から成る単純語であり，派生形容詞 earthen（陶製の）を含む earthenware（陶器）は例外的である。

第2章　現代形態論　113

関係形容詞の多くは上の（65）とは違って，音節数は3以上であり，ロマンス語源で，名詞が元になっている派生形容詞です。日本語に目を向けてみると，日本語でも（65）に似た制限があるように思われます。日本語の場合，「形容詞＋名詞」形複合語では，形容詞の語幹が2モーラのものが主で「浅」「遅」「近」「細」「厚」「長」「高」など多数ありますが，3モーラ以上になると，複合語の数はずっと少なくなります。『大辞林』に記載されている複合語の数を調べると，たとえば3モーラの形容詞語幹「幼な」を含む複合語として記載されているのは6つだけであり（「幼顔」「幼子」「幼心」「幼妻」「幼友達」「幼物語」），「嬉し」を含む複合語は一つしか記載されていません（「嬉し涙」）。そのほかの3モーラの形容詞語幹（たとえば「明る」や「苦し」）を含む複合語は，『大辞林』には一つも記載されていません。また，接尾辞「-ぽい」や「-臭い」の付いた派生形容詞（たとえば「子供っぽい」，「田舎臭い」）の語幹も，「形容詞＋名詞」形複合語の非主要部の位置には生起できないと考えられます。

2.9.4.　まとめ

本節では，3種類の合成語を取り上げて，果たしてそれらを複合語とみなすことができるのかどうかという観点から，かなり詳しく，各々を，「名詞＋名詞」形ないし「形容詞＋名詞」形の複合語と比較対照しました。その結果，それぞれの合成語は，複合語とは違ったさまざまな特徴をもつことが明らかになりました。しかし一方で，語彙的緊密性という語の基本的な特徴を示すこと，および，非主要部の要素が分類的な働きをもつことに関しては，上記の複合語と共通しているということを見ました。

2.10. 語の形成される部門と語彙的緊密性

2.10.1. big car trip などの複合名詞の形成

これまで見てきた「形容詞＋名詞」形および「名詞＋名詞」形の複合語や，2.9 節で取り上げた三つのタイプの合成語は，どの部門で形成されるのでしょうか。以下でこのことについて考えてみましょう。

生成文法の伝統的な考え方では，文や句の構造は統語部門，語の構造は形態部門（語彙部門）という具合に，それぞれ別別の部門で構築されると仮定されていました。語彙的緊密性という句には決して見られない語の特徴は，形態部門という特定の部門に限定して観察されるものであると考えられていたことになります。

上述のような仮説に対してさまざまな代案が提案されてきましたが，本章で紹介するのは，影山（1993）ほかで示されているモジュール形態論と呼ばれる考え方（0.4 節も参照）です。これは，語彙的緊密性は語形成にかかわる一般的な制約として，形態部門という特定の部門だけに限定されるものではなく，どの部門で語が形成されようと当てはまるものである，という考え方です。

モジュール形態論の考え方は，影山（1993）では日本語の複合語と派生語を中心にその妥当性が示されていますが，以下では，この考え方を支持すると思われる英語の事実として，先の（27）に挙げた [big car] trip, [fresh fish] market などの「名詞＋名詞」形複合名詞に再度注目します。

（27）のような「名詞＋名詞」形複合名詞に関しては，2.5 節ですでに，非主要部の「形容詞＋名詞」形は意味がかなり透明であるということを指摘しました。また，非主要部の「形容詞＋名詞」形の中にある形容詞は，後続の名詞だけを修飾していると解釈さ

れるわけですが，これは一見すると，語彙的緊密性の原理（19）に違反しているように思われます。通常なら，性質形容詞が修飾するのは複合名詞全体でなければならないはずだからです。それでは，(27) の複合名詞の非主要部の位置に生起する big car や fresh fish などの「形容詞＋名詞」形は，語ではなく句とみなすべきなのでしょうか。結論から言うと，句とみなすことには無理があるように思われます。なぜなら，(27) の複合名詞の場合，非主要部の「形容詞＋名詞」形を句の構造に拡張することは，許されないからです。以下の (66a, b) を見てください。(a) では程度の副詞 very を，(b) ではもう一つ別の形容詞を挿入することによって，非主要部の「形容詞＋名詞」形が句の構造に拡張されていますが，しかし，(a) も (b) もどちらも容認されません。

(66) a. *[very big car] trip, *[very cool air] temperature, *[very fresh fish] market

b. *[small red rose] petals, *[dark hot night] wind, *[cheap fresh fish] market

ここで，big car trip, fresh fish market など先の (27) に挙げた「名詞＋名詞」形複合名詞について，すぐ上で説明したこと，および先の 2.5 節で述べたことを整理してみましょう。(27) の複合名詞に関して，以下の (i)-(v) の 5 つの特徴を指摘しました。

(i) 非主要部の「形容詞＋名詞」形を句の構造に拡張することは許されない。

(ii) 合成的な意味をもつと考えられるすべての「形容詞＋名詞」形の表現が，非主要部の「形容詞＋名詞」形の中に

現れることができるというわけではない。(2.5 節で言及
した，small car driver と green car driver の容認性の違いな
どを参照。)

(iii) 非主要部の「形容詞 + 名詞」形の中に現れる形容詞は，
隣接する後続の名詞だけを修飾する。

(iv) 非主要部の「形容詞 + 名詞」形は，意味の合成性をほぼ
保持していると言える。

(v) 非主要部の「形容詞 + 名詞」形は，後部名詞に強勢が置
かれる句強勢のパタンをもつ。

上記 (i)–(v) のうち，(i) と (ii) の特徴は，(27) の複合名詞
が語としてのステータスを保持していることを示唆しているよう
に思われます。しかしそれとは対照的に，(iii)–(v) の特徴は，
(27) の複合名詞が語ではなく，むしろ句としての性質をもって
いることを示しているように思われます。

結局のところ，(27) に挙げた複合名詞に関して，上記 5 つの
特徴を相互に矛盾なく説明するためには，上で紹介したモジュー
ル形態論の考え方にもとづいて，それらの複合名詞を統語部門で
導く分析が妥当であると考えます。つまり，(27) の複合名詞の
構造は（形態部門ではなく）統語部門で構築されますが，語彙的
緊密性という語の一般的な特徴は，統語部門で形成される (27)
の複合名詞にも当てはまると仮定することになります。[big car]
trip を例にして，以下で説明します。

統語構造上で，まず形容詞 big が名詞 car に付加されて名詞
の構造 (67a) が作られ，さらにこの構造をもう一つの名詞 trip
に付加して，より大きい名詞の構造 (67b) が構築されます。

第2章　現代形態論　　117

(67)　a.　[Noun big car]

　　　b.　[Noun [Noun big car] trip]

(67b) は複合名詞の構造であり，この構造においては，big が名詞の car だけを修飾しているのは事実ですが，しかしこの構造では，big car はあくまでも名詞であり，名詞句の構造に拡張することは決してありません。また，(67b) の big car は，語とはいっても意味の合成性をほぼ保持しています。その理由は，この big car が付加の操作によって統語構造上で導かれる構造だからです。この点で，blackbird のように形容詞と名詞の組み合わせがそのまま一つの語彙項目としてレキシコンにリストされている複合名詞とは大きく異なります。さらに，(67b) に示したように big car が名詞句ではなく名詞であるならば，複合名詞の big car trip においては，非主要部の名詞 big car は，2.4 節で見たように，類（タイプ）を示すものでなければなりません。先に 2.5 節で，通常であれば small car driver のほうが green car driver よりも容認度が高いと判断される，などの事実が報告されていることに触れました。本章では，このような違いは，「形容詞＋名詞」形の表現の中にも，small car のように類（タイプ）に言及するものと，green car のように単なる陳述にすぎないものがあるという違いによるものである，と考えたいと思います。big car trip の場合も同じように，green car trip との間には容認度に違いがあると考えられます。（類（タイプ）と陳述の違いについては，2.11 節も参照してください。）

　これまで述べてきたように，(27) の複合名詞に対してモジュール形態論による分析が妥当であれば，統語部門で形成される

118

(67a) の名詞の構造は，(67b) の構造のように非主要部の位置に
生起するだけではなく，単独でも生起することができると予測さ
れます。そしてこの予測は，Truswell (2004: 140) の挙げてい
る下記の (68) のような事実から支持されると言えます。

(68) a.??I drive a black big car.

　　　[I drive a big black car. なら容認可能]

　　b. All my friends drive big cars, but only I drive a
　　　BLACK big car.

　　　(私の友人はみんな大きい車を運転しますが，私だけが黒い
　　　大きい車を運転します。)[大文字標記の BLACK はこの形
　　　容詞に強勢が置かれることを示しています。]

　英語では，複数の形容詞が名詞の前に現れて名詞を修飾すると
きには，日本語とは違って形容詞の語順に制限があります。
(68a) の文がかなり不自然なのは，black と big の語順が英語の
通常の語順に違反しているからです。a big black car なら全く
問題ありませんが，*a black big car とはふつうは言いません。
英語では，大きさを表す形容詞と色彩を表す形容詞が名詞の前に
現れるときには，前者が後者よりも前に置かれなければならない
という制限があります。(限定用法の形容詞の語順の制限に関する言
語間の相違については，島村 (2014) の先行研究の紹介の部分 (pp. 54-
56) を参照してください。) (68b) では，形容詞の語順の制限に違
反した a black big car になっていますが，先行文脈として All
my friends drive big cars が与えられているために，big car が
一つの類（タイプ）に言及すると解釈されるので，容認可能にな
ります。big car が car の下位類（下位タイプ）とみなされると

第 2 章　現代形態論　　119

いうことは，(68b) の big car が句ではなく語として振る舞うことを意味しますが，これは，one 置換規則の適用によって確かめることができます。(69a, b) を対比してください。

(69) a.　All my friends drive big cars, but only I drive a BLACK one.

b. *All my friends drive big cars, but only I drive a BLACK big one.

上の (69a) と (69b) はどちらも one を含んでいますが，前者は文法的な文で，後者は非文法的な文です。前者の文では，one は big car を指すと解釈されるので，(68b) の文の最後にある big car は語として振る舞いますが，しかし one は，語である big car の中の car だけを指すことは許されず，したがって後者の (69b) は非文になります。big car は性質形容詞と名詞の組み合わせなので，これまで見てきたように，通常なら句（名詞句）とみなされますが，しかし上の (68b) のような文脈では，(69a) が文法的であることから，big car は語（名詞）として振る舞うことが分かります。この場合，big car は語ではあっても，実在の語とは考えにくいと思われます。つまり，2.3 節で見た語彙化の第 1 の意味においても第 2 の意味においても，この表現を語彙化した語とみなすことはできないということです。しかしながら，今後何らかの理由で語彙化するかもしれず，語彙化の可能性を排除することはできないと考えられます。

2.10.2.　まとめ

以上本節では，big car trip など先の (27) に挙げた複合名詞

を具体的に取り上げて，そのような複合名詞がどの部門（形態部門，統語部門，音韻部門，意味部門など）で形成されるのかということについて，かなり詳しく検討しました。モジュール形態論の枠組みを採用した上で，それらの複合名詞は統語部門で形成されると仮定することによって，それらの複合名詞がもつ統語的・意味的・音韻的特徴を，相互に矛盾なく説明できるということを指摘しました。島村（2015）では，ほかにも，例えば語彙化されていない「名詞＋名詞」形の複合名詞や「関係形容詞＋名詞」形の語も，統語部門で形成される可能性について述べています。

　いろいろな種類の語について，それらの各々がどの部門で形成されるかについて考察することは，語形成の研究の中で重要な課題の一つと言えるでしょう。

2.11.　複合語と名前

　従来から，語と句の興味深い違いの一つとして，語はモノや性質ないし行為に対する「名前」（name）であり，それに対して，句は「陳述」（description）である，ということが言われてきました（Zimmer (1971)，Downing (1977)，Levi (1978) ほか参照）。たとえば複合語の blackbird はクロウタドリという種類の鳥に付けられた英語の名前ですが，句の black bird は単に，黒い色という属性をもつ鳥のことを陳述しているだけです。

　繰り返し述べたように，複合名詞が形成されるプロセスでは，分類的修飾要素の名詞ないし形容詞が主要部名詞を修飾することによって，主要部名詞によって示される類（タイプ）からその下位類（下位タイプ）が新たに導かれます。blackbird の場合，black が bird を修飾してこの複合語が作られると，鳥が細分さ

れて，クロウダドリという種類の鳥が，他の種類の鳥と区別されることになります。このクロウダドリという種類の鳥のことを，英語では blackbird という名前で呼んでいるのです。つまり，blackbird という複合語は，クロウダドリという種類の鳥を指すための英語の名前です。それに対して，名詞句の black bird では，2.6 節で説明したように，black は形容詞なので類に言及することができず，この句は，鳥が色彩に関して黒色という属性をもっているということを陳述しているだけです。日本語の「甘柿」に関しても同じことで，木になっているままで甘くなる富有柿などの柿（2.2 節参照）を，渋柿に対して，「甘柿」という名前で呼んでいるのです。他方，句である「甘い柿」は単なる陳述です。

「名詞＋名詞」形の複合名詞も同様です。ケーキには（14）に挙げたようないろいろな種類がありますが，誕生日を祝うために食べるケーキのことを，英語では birthday cake という名前で呼んでいます。また日本語では，そのようなケーキに対して，birthday cake をそのままカタカナ書きにして「バースデーケーキ」と名付けているのです。birthday cake と cake eaten at a birthday party は，意味はほぼ同じと言って差し支えありませんが，しかし後者は名前ではなくて，誕生日を祝うために食べるケーキについて陳述しているだけです。

英語でも日本語でも，「名詞＋名詞」形複合名詞のパタンはひじょうに生産的であるため（2.2 節参照），この形の個々の表現を新たに用いることによって，新しい名前が次々に生まれるといえます。先の（13）に挙げた penknife や speed camera, textbook など，語彙化して意味の透明性を欠いている語が名前として通用しているのはもちろんのこと，その場その場で臨時的に作られる

新語によっても，一時的にせよ名前が生み出されると言えます。
2018 年現在，朝日新聞の朝刊に「わたしの料理」という記事が
毎週掲載されていますが，4 月 13 日に「お風呂カレー」という
名前のカレーが紹介されていました。記事を読んでいた家族の者
が「お風呂カレーっていうカレーライスだって。」というような
ことを言いました。筆者はその時まだ記事を読んでいなかったの
で，どのようなカレーライスか即座には理解できず，「お風呂カ
レー？　お風呂に入りながらカレーを食べられるわけもないし。」
などと思わず心の中で呟いてしまいました。「お風呂カレー」と
は一体どのような種類のカレーなのでしょうか。上記の記事に材
料と作り方が出ていますが，それと合わせて，本書でお見せでき
ないのが残念ですが，思わず微笑みたくなる，とてもかわいいカ
ラーの写真を見ていただきたいと思います。

第 3 章

形態論における他の分野とのインターフェイス[*]

---

 [*] 本章は西原（2013，2016）の内容の一部を加筆・修正し，発展させたものである。

3.1. クラス I 接辞付加とクラス II 接辞付加

　形態論の自立性が認められたのちも，形態論が音韻論とのインターフェイスで成立しているという考えに基づき，語彙音韻論 (Lexical Phonology) という枠組みが提案されました。語彙音韻論は語形成（生成形態論）に音韻論のインターフェイスの相互関連性を認めた音韻理論であります。

　まず，生成形態論の枠組みを簡単に概説することにします。生成形態論という理論（Scalise (1986)）は，語形成が語彙部門（レキシコン）において，一定の階層構造から成り立っており（これらの階層はレベル (level)，クラス (class)，または層 (stratum) などと呼ばれています），語への接辞（接頭辞や接尾辞）の付加や語と語の結合（複合語化と呼ばれています）が，階層構造の一定の順序に従って形成されると提案するものであります。基本的な階層構造は以下のように示すことができますが，その階層の構築数については，いくつかの階層数が提案されています。

　　(1)　クラス I 接辞付加

　　　　　　↓（循環語強勢付与規則）

　　　　クラス II 接辞付加

　　　　　　↓

　　　　語レベル音韻論

(Siegel (1974: 149–150))

このような考え方（枠組み）は順序付けの仮説 (ordering hypothesis) と呼ばれるものであり，クラス I 接辞はクラス II 接辞の内側のみに生起し，通常，クラス I 接辞がクラス II 接辞の外

第3章　形態論における他の分野とのインターフェイス　125

側には生起しない事が予測されます。それゆえ，クラスⅠ接辞がクラスⅡ接辞の外側に表れるような語形成過程（word-formation process）は認められないということになります。もちろん，同じクラスの接辞が連続することには問題はありません。

(2) a.　univers＋al　＋ness / atom＋ic＋ity / beauty＋ful＋ness
　　　　　　　Ⅰ　　Ⅱ　　　　Ⅰ　Ⅰ　　　　Ⅱ　　Ⅱ

　　　histor＋ical＋ness
　　　　　　Ⅰ　　Ⅱ

b.　*atom＋less＋ity /　*piti＋less＋ity /　*guard＋ed＋ity
　　　　Ⅱ　　Ⅰ　　　　　Ⅱ　　Ⅰ　　　　　Ⅱ　　Ⅰ

　　*kind＋ness＋ical
　　　　Ⅱ　　Ⅰ

（西原（2013）を一部改変）

　では，実際にこのようなクラスⅠ接辞とクラスⅡ接辞にはどのようなものがあるのか，代表的なものを以下に挙げることにします。

(3) a.　クラスⅠ接辞：in-, -ity, -ian, -ary, -ion, -al など
　　 b.　クラスⅡ接辞：un-, -ness, -less, -dom, -ful, -ing　など

クラスⅠ接辞とクラスⅡの接辞の間には，接辞付加による，さまざまな振る舞いの違いが認められています。具体的には，クラスⅠ接辞類は音変化など起こし，クラスⅡ接辞は音変化などを引き起こさないというものです。その一部を以下に挙げてみることにします。

(4) a. クラス I 接辞は強勢付与決定に関わり，クラス I 接辞の付加によると強勢の移動を引き起すことがありますが，クラス II 接辞の付加は基本的に強勢付与の決定に関わることはないとされています（大文字は強勢が置かれることを意味します）。

   クラス I 接辞：cUrious → curiOs-ity$_I$

   クラス II 接辞：dEmonstrate → dEmonstrat-ing$_{II}$

b. クラス I 接辞付加は鼻音同化現象を引き起すことがありますが，クラス II 接辞付加では鼻音同化現象が生じることはありません。

   クラス I 接辞：in$_I$-possible → i[mp]ossible

   クラス II 接辞：un$_{II}$-popular → u[np]opular

c. クラス I 接辞付加は，子音の非二重子音化（二重子音を単子音化すること）を引き起こすことがありますが，クラス II 接辞付加では，非二重子音化を引き起こすことはないことが分かります。

   クラス I 接辞：in$_I$-numerable → i[n]umerable

   クラス II 接辞：un$_{II}$-natural → u[nn]atural

d. クラス I 接辞付加では，摩擦音化現象が起きることがありますが，クラス II 接辞付加の場合は摩擦音化は起きないと言えます。

   クラス I 接辞：democra[t] → democra[s]-y$_I$

   クラス II 接辞：tren[d] → tren[d]-y$_{II}$

e. クラス I 接辞付加では 3 音節緩み母音化規則（trisyllabic laxing rule）が適用されますが，クラス II 接辞付加では，それは適用されることはありません。

第 3 章　形態論における他の分野とのインターフェイス　　127

クラス I 接辞：provoke → provoc-ative$_I$

[ou]　　　　[a]

クラス II 接辞：might → might-i$_{II}$-ly$_{II}$

[ai]　　　[ai]

rain-i$_{II}$-ness$_{II}$,　grate-ful$_{II}$-ly$_{II}$,

grace-ful$_{II}$-ness$_{II}$

cf. ivory, dynamite, nightingale → [ai]

また，上記から分かるように，クラス II 接辞付加では，3 音節緩み母音化規則が適用されない例は非常に多く存在しますが，cf. で見られるように後ろから三つ目の母音でも，それらの語が接辞付加を受けた派生語でない時には，適用されません。つまり，ivory [aivəri] では何ら接辞付加はされていない語ですから，i は [ai] のままで変化していません。

このような接辞のクラス分けのモデルをさらに修正し，クラスの数を増やした枠組みが，Allen (1978) によって提案された理論が，拡大順序付け仮説 (Extended Ordering Hypothesis) であります。なお，Allen (1978) では，クラスという用語ではなく，レベルという用語を用いています。

(5)　拡大順序付け仮説 (Extended Ordering Hypothesis)

レベル I 接辞付加

↓

レベル II 接辞付加

↓

レベル III 接辞付加（ゼロ派生・複合語化・non- 接辞付加）

Allen（1978）によるこの理論にしたがえば，次に挙げるような
レベル III で形成された複合語の外側には，レベル II 接辞であ
る un- が決して付加されないという事実を的確に説明すること
ができます。

(6) *un$_{II}$-[forward-looking]$_{III}$　　*un$_{II}$-[home-made]$_{III}$
　　*un$_{II}$-[color-blind]$_{III}$　　　*un$_{II}$-[hand-washable]$_{III}$

さらに，クラス III 接辞付加作用の一つである non- 接辞付加が，
例外的に複合語に付加されるという現象が実在するという事実も
また，うまく説明することが可能となります。

(7)　non$_{III}$-[forward-looking]$_{III}$　　non$_{III}$-[home-made]$_{III}$
　　non$_{III}$-[color-blind]$_{III}$　　　non$_{III}$-[hand-washable]$_{III}$

しかしながら，Selkirk（1982）は，複合語の外側に付加されて
はいけないレベル II 接辞（接頭辞）が付加されている例が存在
していると指摘しています。

(8)　un$_{II}$-[self-sufficient]$_{III}$　　ex$_{II}$-frogman$_{III}$
　　un$_{II}$-[top-heavy]$_{III}$　　　mis$_{II}$-underline$_{III}$
　　　　　　　　　　　　　　　　　（Selkirk（1982: 106–111））

たとえば，(8) の self-sufficient は複合語（つまり，レベル III）
なので，(6) に示したように，レベル II 接頭辞である un- は付
加されないはずですが，(8) では un$_{II}$self-sufficient$_{III}$ として成立
しています。

　このように Allen（1978）の理論ではうまく説明ができない例
が存在しています。このような例外的と思われる例をうまく説明

第3章 形態論における他の分野とのインターフェイス　129

するために，Selkirk (1982) は次のような階層化のモデルを提案しています。この Selkirk (1982) による階層化にしたがえば，レベル II において複合化と un-$_{II}$ のようなレベル II 接頭辞付加が同時に行われると考えられます。そうすれば矛盾なくこのような二つの形態操作が同時に行われることを適切に説明することが可能となります。つまり，以下に示すように，Selkirk (1982) が提案していますレベルの階層化は，二つのレベル II での形態操作が妥当であるということを明らかにしているのです。

(9)　レベル I 接辞付加

↓

レベル II 接辞付加・複合語化過程 un$_{II}$-[self-sufficient]$_{II}$

3.2.　語彙音韻論による枠組み

先に見たように，形態論における語形成過程が，クラスやレベルという段階に区別あるいは順序化された枠組に，音韻論的過程（音声変化過程）の内容を組み込んだ枠組みが，語彙音韻論 (lexical phonology) と呼ばれるものです。すなわち，語彙音韻論とは，形態論と音韻論のインターフェイスに基づく理論であり，形態論における階層構造とさまざまな音韻規則 (phonological rules) がお互いに関連性をもって，語レベルから文レベルに至るまでの派生過程を明示する文法構造の理論なのです。

この語彙音韻論における，基本的な構造モデルとしては，以下のように図示することができます。

(10) 語彙音韻論 (Lexical Phonology)

    語彙部門 (Lexicon)

    1) 基底表示 (Underlying Representation: RP)

    ［形態論 (Morphology) ⇔ 音韻論 (Phonology) レベル 1］

    ［形態論 (Morphology) ⇔ 音韻論 (Phonology) レベル 2］

    ［形態論 (Morphology) ⇔ 音韻論 (Phonology) レベル N］

          ↓

    2) 語彙表示 (Lexical Representation)

        （語彙挿入，休止挿入）

          ↓

    ［後語彙音韻論 (Post-Lexical Phonology)］

          ↓

    3) 音声表示 (Phonetic Representation: PR)

　また，基本的には，さきの語彙音韻論のモデルの語彙部門における層 1 での形態・音韻操作は循環的 (cyclic) であり，層 2 での形態・音韻操作は非循環的であると考えられています。すなわち，層 1 では形態操作（接辞付加など）を受けたあとに，音韻規則適用の条件を満たせば，音韻規則は何度でも適用されることになります。一方，層 2 では，形態操作（接辞付加など）が完全に終了した最後の段階で，音韻規則が適用されることとなります。これらのプロセスを図示すると以下のようになります。

(11) 層 1：形態論（形態操作）1

        ↓

   音韻論（音韻規則）1

        ↓

第3章　形態論における他の分野とのインターフェイス　　131

形態論（形態操作）2
↓
音韻論（音韻規則）2

層2：形態論（形態操作）1
↓
形態論（形態操作）2
↓
形態論（形態操作）3
↓
音韻論（音韻規則）1

　そこで，層1で想定されている強勢付与規則と接尾辞付加は
以下のように連動して，循環的に適用されることになります。つ
まり，層1の接尾辞が付与されると，そのたびに強勢付与規則
が適用されるので，強勢の位置決定に関わる接尾辞となります
（なお，以下の，**A**，**B**，**C** は名詞 N 中の強勢の位置（太字）を
示し，一方，X，Y，などは接尾辞を示します。すなわち，接辞
X，Y など付加に基づき，強勢位置の決定 **A**，および，強勢位
置の移動，**B**，**C** が起きることを示しています）。

(12)　層1：レキシコン $[ABC]_N$
　　　　　　　↓
　　　強勢付与（適用）　$[\mathbf{ABC}]_N$（強勢位置決定：**A**）
　　　　　　　↓
　　　接尾辞付加　　　　$[[ABC]_N + X]_N$
　　　強勢付与（適用）　$[[\mathbf{ABC}]_N + X]_N$（強勢移動：**A→B**）

$\downarrow$

接尾辞付加　　　$[[[ABC]_N + X]_N + Y]_N$

強勢付与（適用）　$[[[ABC]_N + X]_N + Y]_N$

　　　　　　　　（強勢移動：**B→C**）

　さらに，この語彙音韻論における階層の数については，多くの研究者によって，4層，3層，2層といったさまざまな案が，今日まで，提案されてきています。

　たとえば，Kiparsky（1982）は3層からなる階層を提案しています。この案にしたがえば，(13) のようなクラス II（レベル II）接辞と複合語の付加が同じレベル2の内部で行われるということから，(14) のようにレベル II 接辞 un- の付加と複合語過程の順序が正しく予測でき，適切な説明が可能となります．

(13)　レベル1：クラス I 接辞付加，不規則的屈折接辞付加

　　　レベル2：クラス II 接辞付加，複合語形成

　　　レベル3：規則的屈折接辞付加

　　　　　　　　　　　　　　　　　　　　　　　（Kiparsky（1982: 4–5））

(14)　un_{II}-[self-sufficient]　　　un_{II}-[top-heavy]

　　　　　　　　　　　　　　　　　　　　　　　（Selkirk（1982: 106））

　ちなみに，Mohanan（1982, 1986）では，このような，階層化の順序にしたがわない現象を説明するのに，(15) のような，層3から層2への「逆行（loop）」という不自然で例外的な取り扱いを提案しています。しかしながら，このような提案は非常に特殊なものですから，妥当性は高くないと考えられています。

（15）　層2（接辞付加）：re_{II}-[air condition]

　　　　層3（複合語化）：[air condition]

3.3.　語彙層の数について

ここまでの，語彙音韻論における階層の数や構造についての提案をまとめると，おおきく以下のようになります。

（16）　Kiparsky（1982）
　　　　レベル I ：レベル I 接辞付加
　　　　レベル II ：レベル II 接辞不可・複合語化
　　　　レベル III ：屈折接辞付加

（17）　Mohanan（1982），Halle and Mohanan（1985）
　　　　層1：レベル I 接辞付加・不規則屈折接辞付加
　　　　層2：レベル II 接辞付加
　　　　層3：複合語化
　　　　層4：規則屈折接辞付加

（18）　Kiparsky（1983, 1985），Borowsky（1986）
　　　　レベル I ：レベル I 接辞付加
　　　　レベル II ：レベル II 接辞付加・複合語化・屈折接辞付加

また，（13）のような階層モデルにしたがえば，複合語内部に規則屈折接辞（複数を示す接尾辞など）が生起しないという事実（(19a) と (19b) の例) を正しく予測することができます。

(19) a. *[hands towel]
    b. *[flies paper]

　このような事実は，複合語化を派生過程（derivation）の一つと考えて，以下のような派生接辞（derivational suffixes）と屈折接辞（inflectional suffixes）の付加順序の一般的傾向というものからも説明がなされます（(20) を参照）。

(20)　語 ― 派生接辞付加 ― 屈折接辞付加
　　*語 ― 屈折接辞付加 ― 派生接辞付加

　しかしながら，実際には (21) に見られるように，複合語内部（複合語の第 1 要素の語尾）に複数形を表す規則屈折接辞が付加されている例が多く存在しているのも事実です。

(21)　[arm-s merchant]　　[good-s train]　　[cloth-s brush]
　　　[park-s commissioner] [custom-s officer] [saving-s bank]

　このような問題を解決するには，複合語形成過程の前にすでに，屈折接辞が付加されていると考える（[arm-s] が複合語の入力になるように）語彙化（lexicalization）やその前段階である慣用化（institutionalization）などと呼ばれる解決法が提案されてきています。ただ，このような方法ですべての例が解決することは不可能であると考えられています。
　したがって，このような緒問題を解決するために，Borowsky (1986) や McMahon (1992) の提案する枠組みでは，最も階層の数が少ない 2 層階層構造の語彙音韻論のモデルが，以下のように提案されています。

第 3 章　形態論における他の分野とのインターフェイス　　135

(22)　層 1：クラス I 接辞付加，不規則的屈折接辞付加（強勢
　　　　　　付与，母音移行，母音弛緩，母音緊張，鼻音
　　　　　　化 ...）
　　　層 2：クラス II 接辞付加，複合語形成，規則的屈折接
　　　　　　辞付加（口蓋化，側音再音節化，摩擦音化 ...）

（McMahon（1992: 172））

　この枠組みによれば，次に挙げるそれぞれの単語の接辞付加によ
る強勢移動の違い（(23a) と (23b) を参照）を的確に説明すること
ができます。すなわち，レベル I では派生によって強勢移動が
生じていますが，レベル II では派生が起きても強勢移動が見ら
れません（(24a) と (24b) を参照）。また，レベル I 接頭辞の in-
が単語に付加されて，鼻音同化（nasal assimilation）を起こす一
方で，レベル II 接頭辞の un- が鼻音同化の影響を受けることが
ないこともうまく説明できます（(24c) と (24d) を参照）。

(23)　a.　átom　　　　　　　b.　édit
　　　　　atómic　　　　　　　　　éditor

（McMahon（1992: 171））

(24)　a.　層 1：átom　　：　Stress Rules（強勢付与 1）
　　　　　　　　átom-ic　：　-ic Affixation
　　　　　　　　atómic　：　Stress Rules（強勢付与 2）
　　　b.　層 1：édit　　：　Stress Rules（強勢付与）
　　　　　層 2：éditor　：　-or Affixation

（McMahon（1992: 171））

c. クラス I 接辞とクラス II 接辞付加による鼻音同化の
違い

〈クラス I 接辞付加〉

in + legal → illegal

in + responsible → irresponsible

〈クラス II 接辞付加〉

un # lawful → *ullawful

un # reliable → *urreliable

(Nespor and Vogel（2007：28）)

d. 語彙音韻論における鼻音同化

		im-possible	un-predictable
Lexicon		possible	predictable
Level 1	concatenation	in-possible	_____
	nasal assimilation	im-possible	_____
Level 2	concatenation	_____	un-predictable
	rule-application	_____	_____

(Scheer（2011: 143）を一部改変)

このような，2層構造の枠組みを援用することで，(21) で見ら
れるような，複合語の内部，すなわち，複合語の第1要素に（複
数を示す）規則的屈折接辞が付加されるような順序付けの仮説を
破るような例外的な事実も説明可能になります。

　したがって，生成文法の枠組みにしたがえば，この2層によ
る説明は，当該言語の話者の内臓する文法の最も真実に近い記述
は一つしかなく，「可能な記述のうち一つを適切な記述として選

択する基準は簡潔性の尺度による」という考えにも合致するものであると考えることができます。

繰り返しになりますが，(18) や (22) で提案された 2 層階層構造を援用すれば，(21) で挙げられたような複合語内部に（複数を示す）屈折接辞が現れる現象も問題なく説明ができます。

3.4. 順序付けのパラドックス

さまざま提案に基づく語彙音韻論の枠組みの場合も，ある一部の語の音韻的・形態的派生過程において，適切に説明できない現象が存在します。しかしながら，どのような層についての枠組みにおいても，解決できないような問題が存在します。それは，順序付けのパラドックス (ordering paradoxes) といわれるものです。このパラドックスを ungrammaticality という語の接辞付加過程による派生で見ることにします。

順序付けの仮説では，-ity はクラス I の接辞であり，un- はクラス II の接辞ですから，まず -ity による接辞付加が行われ次に，un- が付加されることにより，(25a) のような派生が得られます。つまり，形容詞である grammatical に -ity が付加されて grammaticality という名詞が派生し，この名詞に un- が付加されて ungrammaticality が生じることになります。しかしながら，この派生だと，接頭辞 un- は形容詞に付加されなければならない，という下位範疇化の条件に違反しています。そこで，このような違反を犯さないために，(25b) のように，先に un- を形容詞の grammatical に付加し，次に ungrammatical となった形容詞に -ity を付加して ungrammaticality を形成するといたします。し

かし，このような派生にすると，クラス II 接頭辞の un- が，クラス I 接尾辞の -ity よりも，先に付加されることにより，順序付けの仮説に従わないことになります。このような現象を順序付けのパラドックスと呼びます。

(25) a. [un [[grammatical]_A ity]_N]_N
b. [[un_II [grammatical]_A]_A ity_I]_N

(西原 (1994a, b)，Nishihara (1990: 25))

また，unhappier という語では，音韻的には，-er は 3 音節語には付加されないので，(26a) のような構造を持っていると考えられます。つまり，happy に -er が付加されて happier が作られ，この happier に接頭辞 un- が付加されて unhappier が生じています。しかしながら，意味的には unhappier は "not more happy" ではなく "more not happy" という意味になるので，(26b) のような構造を持っていると考えられます。要するに，形容詞 happy に un- がまず付加されて unhappy が生じ，次にこの unhappy に -er が付加されていると解釈されます。

(26) a. [un [[happy]_A er]_A]_A   b. [[un [happy]_A]_A er]_A
（音韻論的構造）   （意味論的構造）

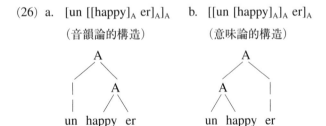

これらの例は，正確には順序付けの仮説に対しての例外ではありません。しかしながら，二つの条件を同時に満たすことができな

第3章　形態論における他の分野とのインターフェイス　　139

いという点から，順序付けの仮説のパラドックスの一例として取り扱かわれるのが一般的です。

　このように形態構造と音韻構造の不一致となる現象は，以下に挙げるようなオランダ語の語形成過程においても，同様に見られます。

(27)　　〈単数形〉　〈音声形式〉　〈複数形〉　〈音声形式〉

　　　a.　hoed "hat"　　[hut]　　hoed-en　　[hudən]

　　　b.　poes "cat"　　[pus]　　poes-en　　[puzən]

(27) の例では，hoed が -d で終わっていますが無声子音 [t] になっています。poes も同じで，-s で終わっているのですが，音声としては無声子音 [s] となります。これは，オランダ語では，音節末で子音の無声化規則が適用されることになり，単数形の綴り字が有声音を示す単語であっても，語末子音が無声（化）であると説明できます。この事実を形式化すると (28) のようになります。

(28)　音節末無声化規則 (syllable-final devoicing)

　　　C → [− voice] / ____)σ

しかしながら，複数形では，この音節末無声化規則が適用されずに有声音になっていることが，(27) から確認されます。つまり，hoed, poes に複数形の -en が付加されると，語末の -d および -s はそれぞれ，[d], [z] と有声化しています。したがって，この現象は以下のような派生過程を持っていると考えらえます。

(29) 〈単数形〉〈複数形〉
step 1: morphology　　　　　　hud　　hud-ən
step 2: syllabification　　　　　(hud)σ　(hu)σ (dən)σ
step 3: syllable-final devoicing (hut)σ　no applicable

(Booij (2012: 159))

単数形の step 2 では，音節末尾子音となった有声子音 [d] は，step 3 で，音節末無声化規則の適用によって無声音の [t] に変えられることが分かります。一方，複数形の場合は，step 2 の再音節化によって，音節末子音であった "d" が次の音節の語頭子音となったために，音節末無声化規則が適用されずに，有声子音 [d] が維持されたままの形が得られることになります。

そして，このような例で見られる形態構造と音韻構造の不一致という現象が起きる過程は，次のように図示することができます。

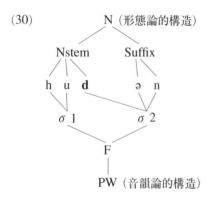

(Booij (2012: 159) を一部改変)

(30) からは，太字の [d] が，形態論的構造では，最初の単語（要素：N-stem）の最後の形態素の位置にある一方，音韻的構造で

は，二つ目の音節（σ2）の最初の分節音（頭子音）の位置にきて
いることが明確に表示されており，形態構造と音韻構造の不一致
が起きていることを的確に確認できます。

3.5. 音律音韻論

　語彙音韻論は主に語形成レベルと音韻規則の相互関係に重きを
置いた理論でした。これに対して，以下に述べる音律音韻論
（prosodic phonology）は，さまざまな音韻規則（phonological
rules）の適用領域を統語的領域（syntactic boundary）のみでは
なく，統語領域に一定の写像規則（mapping rules）を経て構築
された音律階層（prosodic hierarchy）を音律範疇（prosodic cat-
egories）とする理論です。これは，Selkirk（1984）や Nespor
and Vogel（1986）などによって提唱され，発展してきた音韻理
論なのです。

　冒頭で述べたように，この音律音韻論は統語構造から写像規則
を用いて音律音韻論の基本概念である音律階層に基づく音律範疇
を提案しているものです（(31) と (32) を参照）。つまり，音律範
疇を音韻規則の適用領域と考えているのです。

(31)　Mapping Rules（写像規則）

　　　Syntactic / Morphological Structures

　　　　　↓

　　　Mapping Rules

　　　　　↓

　　　Prosodic Categories（Prosodic Hierarchy）

(32)　U = Phonological Utterance（音韻的発話：PU)

　　　I = Intonational Phrase（音調句：IP)

　　　P = Phonological Phrase（音韻句：PP)

　　　C = Clitic Group（接語グループ：CG)

　　　W = Phonological Word（音韻語：PW)

(Nespor and Vogel (1986: 16))

音律範疇における最上位の音律範疇は音韻的発話（Phonological Utterance）であり，この音律範疇は基本的には，通常，統語範疇の一つの文に一つの音韻的発話が対応します。しかし，前後の文脈に関連性がある場合には，統語領域では存在しない領域である二つの文（以上）から，一つの新たな音韻的発話が構築されることになります。そして，この音韻的発話を音韻規則適用領域としているのが，アメリカ英語における弾音化（Flapping）です。その適用範疇となり，以下のような適用の有無の違いが音韻的発話の構築の違いによって説明可能であります（以下，(35) (36) を参照してください）。

(33)　[t, d] → [ɾ] / [… V ___ V …]PU

　　　PU Domain: Phonological Utterance（音韻的発話)

(34) a.　[Turn up the heat. I'm freezing.]PU

　　　　(… hea [ɾ] I'm …)

　　　　(温度をあげてください。私は寒いですから)

　　 b.　[Turn up the heat.]PU [I'm Frances.]PU

　　　　(* … hea [ɾ] I'm …)

　　　　(温度をあげてください。私はフランシスですから)

(Nespor (1987: 238))

第3章　形態論における他の分野とのインターフェイス　　143

（34a）と（34b）の音韻規則適用の有無は，統語範疇の文の単位
では説明が不可能ですが，音韻的発話という新たな音韻的単位で
は，その音韻規則適用の有無を的確に説明することが可能であり
ます。また，この規則適用の違いは，文の前後の文脈関係の違い
（語用論的観点）によって，音韻的発話という音韻範疇の構築に
違いが出てくるということからも説明されています。

　すなわち，（34a）では同一の話者による発話であり，前後の文
脈に関係があり，同じ一つの PU 内にて母音間の [t] が弾音化
（[D]）しますが，（34b）では話者が異なり，前後の文脈の関係が
見出されないので，二つの母音は異なる PU に属することになり，
（33）の弾音化の条件を満たさないので，弾音化は生じません。

　同様の現象は，イギリス英語の代表的な特徴である [r] 音挿入
規則（[r]-insertion rule）においても見ることができ，この規則
適用の有無が，音律音韻論の音韻的発話の構築の違いによって説
明されます。

(35)　　$\phi \rightarrow$ [r] / [... V ___ V ...]PU

　　　　Domain: Phonological Utterance（音韻的発話）

(36) a.　[Close the door. I'm freezing.]PU

　　　　（... doo[r] I'm ...）

　　　　（ドアを閉めてください。私が寒いですから）

　　b.　[Close the door.]PU [I'm Frances.]PU

　　　　（* ... doo[r] I'm ...）

　　　　（ドアを閉めてください。私はフランシスですから）

　そして，これらの音韻的発話の形成過程は，以下に挙げるよう
な複数の語用論的および音韻論的（音声的）条件を満たさなけれ

144

ば適用されないと説明されています。

(37) Pragmatic Conditions (These conditions must be met in order for restructuring to take place (Jensen (1993: 149))

（語用論的条件：音韻的発話の再構築にはこれらの条件を満たさなければならない）

a. The two sentences must be uttered by the same speaker.

（その二つの文は同じ話者によって発話されなければならない）

b. The two sentences must be addressed to the same interlocutor(s).

（その二つの文は同じ対話者によって述べられなければならない）　　　(Nespor and Vogel (1986: 240))

(38) Phonological Conditions (These must also be met in order for restructuring to take place (Jensen (1993: 149))

（音韻論的条件：音韻的発話の再構築にはこれらの条件を満たさなければならない）

a. The two sentences must be relatively short.

（その二つの文は相対的に短くなければならない）

b. There must not be a pause between the two sentences.

（その二つの文の間に休止が存在してはならない）

(Nespor and Vogel (1986: 240))

第 3 章　形態論における他の分野とのインターフェイス　　145

音律階層の上位から 2 番目に位置している音調句については，最大の領域は文という統語単位に相当しますが，「息の切れ目」や「意味の切れ目」という音声的条件や意味・統語的的条件から，さらに小さな単位からなる音調句（**IP**）を形成する場合があります（(39) を参照）。

(39)　a.　[The hamster eats seeds all day]IP

　　　b.　[The hamster]IP [eats seeds all day]IP

　　　c.　[The hamster]IP [eats seeds]IP [all day]IP

　　　　　（そのハムスターは 1 日中，種を食べています）

　　　　　　　　　　　　　　　　　　　　　(Nespor and Vogel (1986))

　次の音韻範疇は，統語論における名詞句（句構造）とほぼ同じ構造が対応していると考えられている音韻句（phonological phrase: PP）と音韻語（phonological word: PW）の間に位置する接語グループ（clitic group: CG）であります。研究者の中にはこの CG という音律範疇の存在を否定するひとがいます。このような否定に対して，Vogel (2009) では心理言語学的根拠に基づく新たな混成グループ（composite group: CG）が提案されています。

　従来から提案されているこの接語グループを適用領域とする音韻規則として，文レベルの英語の口蓋化規則（English palatalization）などが挙げられますが，本節では以下の [v] 削除規則（[v]-deletion rule）の現象を検討することとします。

　そして，Hayes (1989) では，接語グループによって（clitic group: CG）が語末の [v] 削除規則（[v]-deletion rule）の規則の適用の有無が説明されています。しかし，CG 内でのみ適用され

ていた規則（たとえば，(42a, b) では規則適用，(43a, b) では
規則は不適用）が，実際には発話速度が速くなれば，CG の領域
を越えても適用されていることが分かります（CG の再構築化：
(44a, b)）。これは決して，統語範疇では説明できないものであ
ります。Selkirk (1972) では，以下のような単純な音韻規則に
よって，この現象が説明されています。

(40)　[v] → φ / ___ # C

(Selkirk (1972))

しかしながら，この現象を的確に説明するためには，音律音韻論
の CG をこの現象が適用される音韻的領域として定義すること
です。この定義によってより多くの現象を的確に説明できること
が分かります。

(41)　[v] → φ / [_____ # C]CG

(42)　a.　[Please]CG [leave them]CG [alone]CG
　　　　　　　　　　　[v]
　　　（どうか彼らをほおっておいてください）

　　　b.　[Will you save me]CG [a seat?]CG
　　　　　　　　　　　[v]
　　　（どうか私に席をとっておいてください）

(43)　a.　[Give]CG [Maureen]CG [some]CG
　　　　　*[v]
　　　（モーリーンにいくつかあげてください）

第3章　形態論における他の分野とのインターフェイス　　147

   b.　[We'll save]CG [those people]CG [a seat]CG

      *[v]

   （わたしたちはその人々のために席をとっておきます）

(Hayes (1989: 209))

(44)　a.　[Give]CG [Maureen]CG [some]CG

   →　[Give Maureen]CG … (Restructuring: fast speech

     [v]　　　　　　　　　　only)

   b.　[We'll save]CG [those people]CG [a seat]CG

   →　[We'll save those people]CG … (Restructuring: fast

     [v]　　　　　　　　　　speech only)

(Selkirk (1972))

つまり，(42a) では leave は CG 領域で them を伴っており，(42b) では save は CG 領域で me を従えているため，[v] は削除されていません。いっぽう，(43a) では Give は CG 領域内に何も伴わず，(43b) の save も CG 領域内に何も従えていないため，[v] は削除されています。(44a&b) は，(43a&b) とは異なり，Give と save がそれぞれ CG 領域内にさらなる要素を従えるため [v] 削除は生じないことになります。

　さらに，接語グループ（CG）を音韻規則の適用領域とするものとして，先に述べた [v] 削除規則（[v]-deletion rule）規則と同様に次の口蓋化（palatalization）も挙げることができます。この規則の定式化は次のように示されます。

(45)　[s, z] → [š, ž] / [＿＿ [š, ž]]CG

(46)　a.　[his shadow]CG

     [ž]

（彼の影）

b. [is Sheila]CG [coming?]CG

[ž]

（シーラは来ていますか）

c. [as shallow]CG [as Sheila]CG

[ž]   [ž]

（シーラと同様に浅はか）

(47) a. [Laura's]CG [shadow] (normal rate of speech)

*[ž]

（ローラの影）

b. [he sees]CG [Sheila]CG (normal rate of speech)

*[ž]

（彼はシーラを見ている）

c. [those boys]CG [shun him] CG (normal rate of speech)

*[ž]

（あれらの少年は彼をさけている）

(Jensen (1993: 136))

(48) a. [Laura's]CG [shadow] (fast or sloppy speech)

[ž]

b. [he sees]CG [Sheila]CG (fast or sloppy speech)

[ž]

c. [those boys]CG [shun him]CG (fast or sloppy speech)

[ž]

(Jensen (1993: 136))

(46b), (46c) のように, is や as の直後が CG でなければ [ž] と

口蓋化しますが，(47a) のように，Laura's の直後が CG であれば口蓋化しません（つまり，*[ž]）。ただし，(48) の場合があります。(47a) と (48a) ではどちらも Laura's の直後が CG となっているにもかかわらず，(48a) だけが口蓋化しています。この相違は normal な発話速度かそれとも fast or sloppy な発話速度かによるのです。つまり，これらの現象も，[v] 削除規則（[v]-deletion rule）と同様に，接語グループ（CG）の適用領域の発話速度による再構築化によって説明が可能です。そこで，このような現象を説明するために，西原 (2002) では，以下のような新たな制約を提案しています。つまり，(45) の規則に発話速度の違いを加えるということです。

(49) Clitic Group Restructuring（CGR: 接語グループ再構築）

一定の発話速度を越えた速い発話（rapid speech）において，CG は再構築される。

[X …]CG [Y …]CG → [X … Y …]CG　(fast speech only)

(西原 (2002: 99))

次に，英語の強勢の衝突を避けるための音韻規則として，リズム規則（Rhythm Rule: RR）が挙げられます。それは，すなわち，thirtéen mén → thírteen mén（W S S → S W S）のような英語という言語にとって好ましい強弱リズム（SW）を作り出すものです。この規則はさまざまな観点からその適用の有無が説明されてきています。

たとえば，Hayes (1989: 202) は，同じ名詞句内にある [Chinése díshes]NP は RR が適用されて [Chínese díshes]NP となりますが，[Chinése]NP と [díshes]NP が別々の名詞句に属している場合は RR が適用されないと述べています。これは同じ名詞句内と異なる名詞句という統語的観点からの説明になります。統語的観点からの説明が可能であるとしている。しかし，これは音律音韻論でも説明できます。つまり，統語情報をもとにして校正される音律範疇の一つである音韻句によって説明するものです。

この場合，[Chinese dishes] の構造は一つの音韻句（つまり，PP）に属しているために RR が適用されるとし (Chínese díshes) PP のように表示されます。一方，[Chinese]NP [dishes]NP は異なった PP に属しているとして，その適用が阻止されていると説明できます。つまり，[Chinese dishes] は (Chinese dishes) PP で，[Chinese]NP [dishes]NP は (Chinése) PP (díshes) PP となります。この違いを図示すると次のようになります。

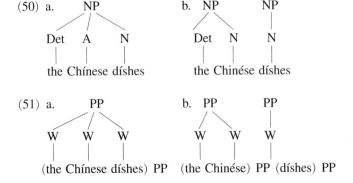

c. Definition of lapse

$$\dots \qquad \dots$$

Grid level 1, 2 ... * * * ...

(Nespor and Vogel (1989))

d.   nAtional →   nationAlity   (*nAtionality)

Grid level   s w w →   w w s w w   s w www

          ... * *   * * ...* *   (...* ***)

上記のような強勢の移動は，英語の強勢と語構造の関係の問題であり，Nespor and Vogel (1989) では，超過 (lapse) という概念が用いられています。超過とは，上記に見られるように，韻律の観点から，弱強勢格子（grid）(*) が三つ連続することは認められず，弱強勢格子 (*) の連続は最大でも二つであるという意味です。したがって，(51d) は接尾辞の付加によって引き起こされる英語の単語の強勢移動を説明しているともいえます。

　先に見たように，音韻句である PP を音韻規則の適用領域としている音韻現象には，側音の再音節化 ([l]-resyllabification) をあげることができます。再音節化とは語末（音節末）に現れた暗い [L] が再音節化によって母音で始まる次の単語（音節）の頭子音の位置に移動することで，明るい [l] に変わることです。(52)にあげた feel, all, fall の [l] は語末に現れているので暗い [L]ですが，feel の後ろの it, all の後ろの over, fall の後ろの outはそれぞれ母音で始まる語ですから，[l] はこれらの母音と音節を構成する頭子音となります。これにより [l] は明るい [l] になります。つまり，語末の [l] は後続の it, over, out と再音節化したことにより，明るい [l] に変化しました。

(52) a. fee[L] → fee[l] it
 b. a[L] → a[l] over
 c. fa[L] → fa[l] out

このような側音の再音節化（[l]-resyllabification）が引き起こされる音韻的領域が PP であります。同一の PP 内である複合語内において，この側音の再音節化は起きることになり暗い [L] は明るい [l] に変化します。ところが句レベルであり，暗い [L] と後続する母音が異なった音韻句（PP）に配置された時には，側音の再音節化は起きないことになります。要するに，前者では，側音の再音節化が起きており明るい [l] が生起することになり，後者では，側音の再音節化は起きていないことになり，暗い [L] が生起することになります。次の（53a）を例にとれば，a whale edition は音韻句を形成するために，[l] は後続の edition と再音節化し，頭子音になることで明るい [l] となります。一方，the whale and the shark の whale は後続の and と音韻句にはならない，つまり再音節化して頭子音とはならないため，[l] は暗い [L] のままとなります。

(53) a. a wha[l]e edition vs. the wha[L] and the shark
 → (a wha[l]e edition) PP
 → (the wha[L]e) PP (and the shark) PP
 b. the sea [l] office vs. the sea[L] offered doughnut
 → (the sea[l] office) PP
 → (the sea[L]) PP (offered) PP (a doughnut) PP

なお，Halle and Mohanan（1985）によれば，明るい [l] は複

合語内で生起し，暗い [L] は句レベルで生起し，この側音の再音節化は語彙部門の最終層である第4層で行われます。実際の音変化である第3層で形成された複合語では，暗い [L] から明るい [l] への変化が起きることになります。句レベルで，暗い [L] 変化（l-Velarization）が後語彙部門（post-lexical）で行われますが，再音節化を生じないので，暗い [L] が出現することになります。

　さらに，Kean（1977）では，英語の失語症患者における脱落要素の分析において，音韻範疇で最も小さな音韻単位である（音節以下の単位を除く）音韻語（phonological word: PW）という概念を用いて，脱落要素の説明を試みています。

　Kean（1977）は，Siegel（1974）によって提唱された，語（語基）との結び付きが強いため，強勢移動を引き起こすことがある接尾辞であるクラス I 接尾辞と，語基との結び付きが弱いため強勢移動を引き起こさないような接尾辞であるクラス II 接尾辞の役割を区別しています。

　そこで，Kean（1977）は，クラス I 接尾辞は，先行する語（語基）に取り込まれて一つの音韻語を構築するのに対して，クラス II 接尾辞は，先行する語に取り込まれることがないため，音韻語の外側に置かれることとなり，この部分が脱落する要素であるという予測をしました。これを（54a）と（54b）でみてみると，クラス I 接尾辞の -ive は先行する語である definite に取り込まれて音韻語 definite ive を形成しますが，クラス II 接尾辞の -ness は先行する語の definite に取り込まれないため，definite と音韻語を形成せず，その結果 definite の外側に位置して脱落します。そして実際に，この予測は，英語の失語症患者の症例と一

致することとなり，音韻語という単位の存在の妥当性を証明する
こととなりました。

(54) a. [# [# definite +]ive #]（クラス I）→（definite ive）
PW

b. [# [# definite #]ness #]（クラス II）→（definite）
PW (ness)

(Kean (1977))

この音韻語の役割とその形成については，Booij and Rubach
(1984: 13) においても類似した提案がなされています。彼らに
よれば，クラス I 接辞はこう着接辞（cohering affixes）とよばれ，
前の音韻語に吸着されて，一つの音韻語になります。いっぽう，
クラス II 接辞は非こう着接辞（non-cohering affixes）とよばれ，
前の音韻語とは独立して，新たな音韻語を形成するとされていま
す。これらの特徴を示した語の派生過程は（55）のように表示さ
れることになります。

(55) a. クラス I こう着接辞（cohering affixes）　　　: -ity
b. クラス II 非こう着接辞（non-chohering affixes）: un-
c. (un) PW (grammatical-ity) PW

(Booij and Rubach (1984: 13))

さらに，(56) にみられるように，Szpyra (1989) においても，
同じように，クラス I 接辞とクラス II 接辞の違いが，定義され，
定式化なされています。その働きと機能は，Booij and Rubach
(1984: 13) とほぼ同じものであり，クラス I 接辞は，語基など
と融合して一つのクラス I 接辞語を形成しますが，クラス II 接

第3章　形態論における他の分野とのインターフェイス　　155

辞は，語基などとは独立して，単独で二つ目の音韻語を形成する
ことになることを示唆しています。たとえば，(56c) の例でいえ
ば，クラスⅠ接尾辞の -ity は pure と音韻語を形成してを派生し
ていますが，クラスⅡ接頭辞の un- は natural と音韻語を形成
しないため，un- も natural もそれぞれ独立した音韻語となって
います。

(56)　　　　　　Suffixes　Prefixes
　　a.　Class I　+ X　　X +
　　　　Class II　[+ X]　　[X +]
　　b.　[　] → ([　　]) PW
　　c.　purity → (purity)PW unnatural → (un)PW (natu-
　　　　ral)PW
　　　　musician → (musician)PW bombing → (bomb)PW
　　　　(ing)PW
　　　　hindrance → (hindrance)PW hinderer → (hinder)
　　　　PW (er)PW

(Szpyra (1989) を一部改変)

したがって，上記の枠組みよって，ungrammaticality という語
は (57) のように派生されることになります。

(57)　Lexicon　(grammatical) PW
　　　Class I　(grammatical + ity) PW
　　　Class II　(un) PW (grammatical + ity) PW

そしてまた，(58)，(59) のように定義することによって，英
語の失語症患者にみられるその他の脱落要素についても，説明を

試みてみてみると，音韻語の存在の妥当性が分かります。

(58) … function words, like the plural marker -s and the nominalization suffixes -ness and -ing, are not phonological words.

（複数形の -s のような機能語や名詞を作り出す -ness や -ing は音韻語ではない）

(Kean (1977: 88))

(59) Items which are not phonological words tend to be omitted in the language of Broca's aphasics.

（音韻語ではない要素は，ブローカ失語症患者の言語において，削除される傾向がある）

(Kean (1977: 88))

上記の定義や Kean（1977）に従って，英語の失語症患者の脱落要素である，音韻語の外側に位置する機能語である屈折接尾辞や冠詞などの脱落も的確に説明することができます。つまり，(60) に示しましたように，look および book のみで音韻語を形成するため，屈折接尾辞の -s，-ing，-ed そして定冠詞の the が脱落してしまうのです。

(60) a. [# [# look #]s #]   → (look) PW (s)
    b. [# [# look #]ing #] → (look) PW (ing)
    c. [# the [# book #] #] → (the) (book) PW
    d. [# [# look #]ed #] → (look) PW (ed)

さらには，生成音韻論における，代表的な音変化の現象について述べておきます。まず，英語の軟口蓋閉鎖音（velar stop: [g]）

第3章　形態論における他の分野とのインターフェイス　　157

と軟口蓋鼻音（velar nasal: [ŋ]）の生起状況が，生成音韻論の規則の適用によって的確に説明できることをまず示します。そして次に音韻語の概念による説明のほうが簡潔性が高いことを示します。英語の単語の違いによる軟口蓋閉鎖音（velar stop: [g]）と軟口蓋鼻音（velar nasal: [ŋ]）の生起状況の違いには，(61) に見られるようなものがあります。

(61) a.　finger [fi[ŋ][g]ər]

b.　singer [si[ŋ]ər]

c.　longer [lɔ[ŋ][g]ər]

これら三つの単語における発音の違いは，以下に挙げる二つの音韻規則の適切な順序付けによって，的確に説明されます。音韻規則 (I) は軟口蓋閉鎖音 [g] の直前にある歯茎鼻腔閉鎖音 [n] を軟口蓋鼻音 [ŋ] に変える規則です。音韻規則 (II) は語末（# は語末を示す記号）における軟口蓋閉鎖音 [g] を脱落させる音韻規則です。

(62) (I)　[n] → [ŋ] / ___ [g]

(II)　[g] → [ɸ] / [ŋ] ___ #

これらの音韻規則が，(I) (II) の適用順序において，以下に示す基底表示（綴り字発音に近いもの）に適用されることになります。なぜなら，本来，英語の発音は古英語（Old English: OE）の時代には綴り字と音が基本的には 1 対 1 の対応をしており，(63) で挙げられたそれぞれの単語は以下のような基底表示を持っていると考えられるからです（＋は形態素境界を示します）。

(63) a. singer [siŋ# ər]　　　cf. X X X X "sing"
　　 b. finger [fiŋgər]　　　　　 | | | |
　　 c. longer [lɔŋ + ər]　　　　 s i n g

(62) に挙げた基底表示に音韻規則が適用されると，以下のような派生が行われることになります。

(64) a. singer　　 b. finger
　　 [siŋ# ər]　　[fiŋgər]　（UR：基底表示）
　　 [siŋ# ər]　　[fiŋgər]　（I）[n] → [ŋ]/]＿[g]
　　 [siŋ# ər]　　[fiŋgər]　（II）[g] → [φ]/[ŋ]]＿#
　　 [siŋər]　　　[fiŋgər]　（PR：音声表示）

(64) が明らかにしていることは，語境界を持つ (64a) では，音韻規則 (II) の適用によって，軟口蓋閉鎖音 [g] が削除されて，音声表示が得られますが，(64b) では，その語境界のないことや，形態素境界の存在によって，音韻規則 (II) の適用が阻止されることになり，軟口蓋閉鎖音 [g] は削除されずに音声表示に残るということです。

　それゆえ，上記で述べられた語境界（#）や形態素境界（＋）は生成音韻論の派生で重要な役割をしています。したがって，説明のためにこのような記号列を区別することは，文法の簡潔性という観点からは妥当なものとは言えません。

　そこで，これらの現象の説明にも，複雑な記号列ではなく，単一単位である音韻語という概念を援用することで，簡潔な説明ができることを提示します。まず，(60) で示された規則も音韻語による説明に変えることから始めます。

第3章　形態論における他の分野とのインターフェイス　　159

(65)　(I)　[n] → [ŋ] / ___[g] (X)) PW

　　　(II)　[g] → [ɸ] / [ŋ]___) PW

(Szpyra (1989))

　さらに，(64) にも音韻語の枠組みをあてはめ，上記の音韻語によって定義された音韻規則を連動させて表示し，説明を試みてみると，以下のように音韻語という概念の適用だけでうまく説明ができることは明らかであります。

(66) a.　singer　　　　　b.　finger

　　　(sing) PW (ər) PW　　　　(fingər) PW　(UR：基底表示)

　　　(siŋg) PW (ər) PW　　　　(fiŋgər) PW　(I) [n] → [ŋ] / ___[g] (X)) PW

　　　(siŋ) PW (ər) PW　　　　(fiŋgər) PW　(II) [g] → [ɸ] / [ŋ]___) PW

　　　[siŋər]　　　　　　　　[fiŋgər]　　(PR：音声表示)

　このような音韻語の働きによって，英語の屈折形態素である三人称単数現在形や規則動詞形の過去形を示す形態素である /z/ や /d/ などは，接尾辞として必要とされる音節性を基本的には形成することがないので，先行する語（語基）に吸収されるものであると，考えられています。このことは (67) のように表記されます。

(67) a.　[[beg]V + [+ z]]V → (beg + z) PW

　　　b.　[[beg]V + [+ d]]V → (beg + d) PW

(Szpyra (1989: 193))

　英語の過去形を示す語尾の形態素である規則動詞の過去形と不規則動詞の過去形の表示は，Halle and Mohanan (1985) の枠組

みに基づけば以下のようになります。

(68) a. 規則形：(plead + d) PW

b. 不規則形：(bleed + d) PW

(Szpyra (1989: 193) を一部改変)

しかし，(68) では規則動詞形の過去を示す屈折語尾形態素と不規則動詞の過去を示す屈折語尾形態素の間にある相違を示していません。つまり，不規則形の屈折語尾は音節性のない /d/(/t/) である一方，規則形の屈折語尾は基底形では音節性を持つ /id/ であると解釈されることから，二つの語尾の形態的構造（屈折語尾の付加）は異なります。このような構造的な相違は (69) のように表示されることになります。

(69) a. [[bleed]V + [+ d]]V

b. [[plead]V ; [id]]V

(Szpyra (1989: 194) を一部改変)

したがって，上記の形態的構造の相違は次の音韻語構造の違いに反映されることになります。

(70) a. (bleed + d) PW → (bled) PW　（音声表示：[bled]）

b. (plead) PW (+ id) PW　　（音声表示：[pli:did]）

(Szpyra (1989: 194) を一部改変)

なお，不規則形の過去の屈折語尾が先行する語（音韻語）に吸収された時に，子音連鎖単純化規則や非二重子音化のような語レベルの音韻規則が適用されることから，適格形の過去形が導きだされることになります。一方，規則形の動詞の過去形では，語尾の

屈折接辞が単独で音韻語を形成することから，音韻的規則を受けることによる変化がみられることはありません。

　また，次に挙げる現象も，生成音韻論的分析よりも，音韻語という音韻単位を用いることで，より簡潔に説明が可能であることを示したいと思います。接尾辞の付加という形態的構造の変化が，直接的に音韻変化に影響している例として，ドイツ語の語末（阻害音）無声化規則が挙げられます。つまり，ドイツ語の語末子音は基本的に無声であるという事実が観察されます。

　ここでは，ドイツ語における語末（阻害音）無声化規則（word-final devoicing）を例に挙げて説明することにします（Bund は「帯」，bunt は「多彩な」という意味)。

(71)　語末（阻害音）無声化規則（word-final devoicing）
　　　[+ voice] → [− voice]/＿＿ #

このような語境界境界記号（#）を用いずに，音韻語を用いることでより簡潔な説明が可能となります。

(72)　音韻語末（阻害音）無声化規則（word-final devoicing）
　　　[+ voice] → [− voice]/(...＿＿) PW

(73)	主格単数	属格単数	主格複数	属格複数
綴り字：	Bund	Bundes	bunt	buntes
音韻表示：	/bund/	/bundes/	/bunt/	/buntes/
無声化 (71)：	適用	不適用	不適用	不適用
音声表示：	[bunt]	[bundəs]	[bunt]	[buntəs]

(外池 (1976))

生成音韻論の音韻規則の説明によれば，(73) に見られるような派生が想定される。Bund の発音だけが，綴り字"d"に合わずに，[t] と発音されており，このように語末無声化規則による説明から一見すると，それぞれの正しい音声表示を得られることになるように思われます。したがって，この派生によれば，ドイツ語を習得する幼児は，この規則を知らない時期があり，次にこの規則を習得することで，Bund は最初，[bund] と発音され，規則を習得した後に，[bunt] に発音を変えることになります。しかし，Bundes では，接尾辞 -es の付加によって，綴り字"d"は語末ではないので，語末無声化規則が適用されずに，有声音の [d] が維持されることになります。

　しかしながら，このような分析も，音韻語にもとづく音韻規則の定式化に従えば，語境界記号のような音韻規則とは無関係の要素を用いることなしに，以下のように，さらに簡潔に表示できることが分かります。

(74)	主格単数	属格単数	主格複数	属格複数
綴り字：	Bund	Bundes	bunt	buntes
音韻表示：	/bund/	/bundes/	/bunt/	/buntes/
音韻語：	(bund)PW	(bundes)PW	(bunt)PW	(buntes)PW
無声化 (72)：	適用	不適用	不適用	不適用
音声表示：	[bunt]	[bundəs]	[bunt]	[buntəs]

　このように，音韻語という単位を定義することによって，失語症患者の発話，ドイツ語の無声化，[g] 削除などのさまざま現象を的確に説明できることから，この音韻語という音律的単位は妥当なものであると考えられます。

第3章　形態論における他の分野とのインターフェイス　　163

　さらに，のちに提唱されることになった音韻理論である最適性
理論（Optimality Theory）では，この音韻語（この理論では音律
語（prosodic word）と呼ばれています）はまたその理論の枠組み
の中心的概念となり，その存在の妥当性は明らかなものとなりま
す。

3.6.　単語のレベルの意味素性の連続による制約

　次に，単語レベルでの意味素性の関係からの観点で，語形成が
制約を受けている例をあげます。そして，ここでは，音韻理論に
て用いられている連続する同一要素の存在を否定する OCP 原則
（Obligatory Contour Principle: 必異原則）を援用することで，
同一意味素性の連続などの観点から語形成の過程をみることにし
ます。以下に見られように不規則動詞の活用は同じ [t] または
[d] の分節音の連続を避けるために，言い換えれば OCP 原則の
作用によって，母音の変化を用いていたことが，これらの不規則
動詞の語末が [t] または [d] で終わっていることから分かります。

(75)　OCP 原則（Obligatory Contour Principle: 必異原則）
　　　*[α α]

(76)　(*[t][t] / *[d][d])
　　a.　A-A-A (cut-cut-cut / *cut-ed [t][t])
　　b.　A-B-B (build-built-built / *build-ed [d][d])
　　c.　A-B-C (get-got-gotten / *get-ed [t][t])

　また，このようなことは，日本語の連濁現象でも見られ，以下
に挙げるように同じ素性（この場合の素性は音韻素性です：[+

voice]）の連続を避けるために，すなわち OCP 原則によって，連濁が阻止される場合があることが分かります。

(77)　（*[+ voice][+ voice]）

　　　a.　連濁あり：kami + *[g]a[z]e

　　　b.　連濁なし：ori + [g]ami

　　　c.　連濁あり Na[g]a-sima / 連濁なし：Na[g]a -*[z]ima

　　　d.　連濁あり：Na[k]a-[s]ima / Na[k]a -[z]ima

さらに，次に挙げる語では，否定的内容を持つ語に，否定を示す接頭辞 "un-" が付加されないという事実も，意味素性の [+ negative（否定）] が連続することを避けるために，すなわち OCP 原則の作用によって，容認されないものであると適格に説明ができます。

(78)　容認可能な語

　　　a.　un-happy [+ negative] [− negative]

　　　b.　un-healthy [+ negative] [− negative]

　　　c.　un-clean [+ negative] [− negative]

(79)　容認不可能な語

　　　a. *un-sad *[+ negative] [+ negative]

　　　b. *un-ill *[+ negative] [+ negative]

　　　c. *un-dirty *[+ negative] [+ negative]

しかし一方で，英語の語形成では，OCP 原則を必要とせずに，反対の語の意味素性の一致ということが，重要な役割をしている場合も存在します。すなわち，ゲルマン語系の語は，[− latinate] と素性指定され，ラテン語・フランス語系の語は，[+ latinate]

第3章　形態論における他の分野とのインターフェイス　　165

として素性指定されることで，語形成過程がうまく説明できます。たとえば，-ity という接尾辞は [+latinate] の語に付加されますが，[−latinate] の語には付加されません。一方，-ness という接尾辞は [+/−latinate] のどちらの語にも付加が可能です。したがって，(80) のように，happy という語は，[−latinate] の語ですから，happiness の派生のみが容認されることになります。

(80)　a.　[A [+latinate]+-ity] → N

　　　b.　[A [+/− latinate]+-ness] → N

(米倉 (2012: 213-248))

(81)　happy A [−latinate]

　　　a.　happiness → happy [−latinate]+[+/−latinate] ness

　　　b. *happity → happy [−latinate]+[+latinate] ity

同様に，以下の語の派生に関しても，意味素性の一致という観点から，それぞれの語の派生を説明することができます。

(82)　a.　in [+latinate]+[+latinate] animate → inanimate

　　　b.　in [+latinate]+[−latinate] happy → *inhappy

(83)　a.　"N+essN" ([female]) → marked as [+HUMAN]

　　　b.　steward-ess, waitr-ess → [+HUMAN] [+HUMAN]

　　　c. *dogg-ess → *[−HUMAN] [+HUMAN]

また，語尾における接尾辞の連続にも制約があり，生産性 ([productivity]) の高い接尾辞が，生産性が低い接尾辞より右側に現れます。これは，最後に生産性の高い接尾辞がくることによって，さらなる接尾辞付加による語の派生の可能性を保証する

ものであると考えられます。

(84) -ness [+ productive] / -less [− productive]
    a. hope-less-ness
    b. *happi-ness-less
        (X + [− productive] [+ productive]
        → X + *[+ productive] [− productive]

                              (Hay and Plag (2004), Hay (2002))

(84a) では, -ness が -less より生産性の高い接尾辞であるため,
-less の右側に付加されて hope-less-ness が派生します。したがって, (84b) のように, -ness が -less の左側に現れて happi-ness-less という派生語は生じないことになります。この事実は Dressler (2007: 166) の "more productive affixes have a more peripheral position than less productive ones" (より生産性ン高い接辞はより生産性の低い接辞よりも周辺部に位置する) という指摘からも明らかでありましょう。

 上記で見たように, いずれの現象でも (意味素性の不一致, または一致のいずれでも), 語の持つ意味素性が, 語形成の際に, 重要な役割をしていることはいうまでもありません。

お わ り に

　序章では形態論に関する基本的な概念あるいは用語を説明しています。つまり，語基，語根，語幹，接辞，語彙素，レキシコンについて具体例を示して解説しています。また，派生接辞の付加は直線的ではなく階層的構造を持っていることを明らかにしています。

　さらに，従来の生成文法理論ではレキシコンを含む形態部門は自立性が認められていませんでしたが，最近では形態部門は独立的な性質のものであり，特に派生と複合という語形成は統語部門や音韻部門とも密接な関連性があるとされることを指摘しています。

　第1章は歴史的観点から英語の名詞派生接尾辞を考察しています。後期中英語になるとラテン語・フランス語系の語が英語に多く流入し，名詞派生接尾辞も英語本来の接尾辞（たとえば，-dom, -hood, -ness）よりもラテン語系の接尾辞，つまり借用接尾辞（たとえば，-ion, -ity, -ment）が多くみられます。これにより英語本来の接尾辞と借用接尾辞が意味的にも競合しています。

　このような言語的背景を踏まえて，本章では中英語期に最も多くの人たちに読まれていたと思われるウィクリフ派英訳聖書における名詞派生接尾辞の型と意味を考察しました。この調査・分析の結果，ウィクリフ派英訳聖書では借用接尾辞が多くみられますが本来語の接尾辞もかなり用いられていることが明らかになりま

167

した。これは後期中英語では借用接尾辞が多用されるようになり，これによって英語本来の接尾辞に取って代わっているという一般的な見解とは少し異なる結果になりました。ウィクリフ派英訳聖書は当時ごく普通の一般民衆が親しんだ書物であることを考えると，名詞派生接尾辞の型と意味は英語本来の接尾辞と借用接尾辞の使用が拮抗していたと言えます。

　第2章では語（複合語）と句の相違を明らかにするために，「形容詞＋名詞」形の複合語と「名詞＋名詞」形の複合語に焦点をあてています。語彙化という観点から考えると，たとえば black-bird は単なる「黒い鳥」ではなく「タロウタドリ」という鳥を意味しており，語彙化していると言えます。つまり，「黒い鳥」は単なる黒い色をした鳥の意味であり名詞句ですが，「タロウタドリ」というのはツグミ科の鳥を指す複合語となります。このような違いが生じるのは複合語の語彙的緊密性の問題であり，名詞句とは異なり，複合名詞は語レベル（語彙範疇レベル）の構造を有していると言えます。

　さらに，語彙的緊密性に関連して言えば，「名詞＋名詞」形の複合名詞では形容詞を複合語の内部に挿入することは許されません（hotel room → *hotel wide room）。ただし，これは wide のような性質形容詞の場合であって，political のような関係形容詞の場合は複合語内部への介在が可能になります（city problem → city political problem）。

　生成文法の従来の考え方によれば，この語彙的緊密性はこれまで形態部門（語彙部門）の問題でしたが，このような捉え方では語彙的緊密性を矛盾なく説明できない点が明らかになっています。この問題を解決する一つの可能性としてモジュール形態論の

考え方を紹介しています。

　第3章では形態論と他の分野のインターフェイスの関連性を明確に提示しています。形態論が統語論や意味論（語用論）とインターフェイスの関係であることはすでに言われていることですが，本章では特に音韻論と形態論との関連性に焦点をあてています。

　形態論と音韻論のインターフェイスについての関連性を扱った理論としては，語彙音韻論という枠組みが，80年代前半から提唱されてさまざまな修正を経て，今日でもその枠組みの妥当性は保持されていると言えます。

　この語彙音韻論の枠組みにさらに統語構造や形態構造から一定の写像規則によって派生された音律範疇を提案した音律音韻論が組み込まれます。これによって，形態論の基本的単位である語などの単位から構成されている統語論と音韻論とのインターフェイスも明確になることを明らかにしています。

　本書では以上のような内容を述べてきましたが，紙面の都合もあり，形態論と音韻論の限られたテーマについてのものであります。ただ，いずれも形態論および音韻論の極めて重要な問題を検討してきました。今後，ここに記した点も含めて形態論・音韻論に関する他の課題のさらなる考察に努力したいと思います。

　最後になりましたが，本書の企画の段階から内容に至るまで貴重なご助言をしてくださった出版部長の川田賢氏に心より感謝申し上げます。

　　2019年3月10日

　　　　　　　　　　　　　　米倉 綽・島村礼子・西原哲雄

参 考 文 献

[論文・研究書]

Anderson, Stephan R. (1982) "Where's Morphology?" *Linguistic Inquiry* 13, 571-612.

Anderson, Stephen R. (1992) *A-Morphous Morphology*, Cambridge University Press, Cambridge.

Bauer, Laurie (1983) *English Word-Formation*, Cambridge University Press, Cambridge.

Bauer, Laurie (2004) *A Glossary of Morphology*, Edinburgh University Press, Edinburgh.

Bauer, Laurie (2017) *Compounds and Compounding*, Cambridge University Press, Cambridge.

Bauer, Laurie, Rochelle Lieber and Ingo Plag (2013) *The Oxford Reference Guide to English Morphology*, Oxford University Press, Oxford.

Baugh, Albert C. and Thomas Cable (2009) *A History of the English Language*, 5th edition, Routledge, London.

Bisetto, Antonietta (2010) "Recursiveness and Italian Compounds," *SKASE Journal of Theoretical Linguistics* 7(1), 14-35.

Bloomfield, Leonard (1933) *Language*, George Allen and Unwin, London & Others.

Booij, Geert (1993) "Against Split Morphology," *Yearbook of Morphology 1993*, ed. by Geert Booij and Jaap van Marle, 27-50, Kluwer, Dordrecht.

Booij, Geert (2010) *Construction Morphology*, Oxford University Press, Oxford.

Booij, Geert (2012) *The Grammar of Words*, 3rd edition, Oxford University Press, Oxford.

Booij, Geert and J. Rubach (1984) "Morphological and Prosodic Domains in Lexical Phonology," *Phonology Yearbook*, 1–27.

Borowsky, Toni (1986) *Topics in English and Lexical Phonology*, Doctoral dissertation, University of Massachusetts.

Burnley, David (1986) "Curial Prose in England," *Speculum* 61, 593–614.

Bybee, Joan (1985) *Morphology: A Study of the Relation between Meaning and Form*, John Benjamins, Amsterdam.

Carstairs-McCarthy, Andrew (2002) *An Introduction to English Morphology*, Edinburgh University Press, Edinburgh.

Chomsky, Noam (1965) *Aspects of the Theory of Syntax*, MIT Press, Cambridge, MA.

Chomsky, Noam and Morris Halle (1968) *The Sound Pattern of English*, Harper & Row, New York.

Cruse, D. Alan (2011) *Meaning in Language: An Introduction to Semantics and Pragmatics*, 3rd edition, Oxford University Press, Oxford.

Dalton-Puffer, Christiane (1996) *The French Influence on Middle English Morphology*, Mouton de Gruyter, Berlin & New York.

Dove, Mary (2007) *The First English Bible*, Cambridge University Press, Cambridge.

Downing, Pamela (1977) "On the Creation and Use of English Compound Nouns," *Language* 53, 810–842.

Dressler, Wolfgang U. (2007) "Productivity in Word Formation," *The Mental Lexicon: Core Perspective*, ed. by G. Jarema and G. Libben, 159–183, Elsevier, Amsterdam.

Elliott, Ralph W. V. (1974) *Chaucer's English*, Andre Deutsch, London.

Farsi, A. A. (1968) "Classification of Adjectives," *Language Learning* 18, 45–60.

Gelman, Susan A. and Ellen M. Markman (1985) "Implicit Contrast in Adjectives vs. Nouns: Implications for Word Learning in Preschoolers," *Journal of Child Language* 12, 125–143.

Giegerich, Heinz J. (2005) "Associative Adjectives in English and the Lexicon-Syntax Interface," *Journal of Linguistics* 41, 571–591.

Giegerich, Heinz J. (2009) "Compounding and Lexicalism," *The Oxford Handbook of Compounding*, ed. by Rochelle Lieber and Pavol Štekauer, 178–200, Oxford University Press, Oxford.

Gunkel, Lutz and Gisela Zifonun (2009) "Classifying Modifiers in Common Names," *Word Structure* 2, 205–218.

Halle, Morris (1973) "Prolegomena to a Theory of Word Formation," *Linguistic Inquiry* 4, 3–16.

Halle, Morris and K. P. Mohanan (1985) "Segmental Phonology and Modern English," *Linguistic Inquiry* 16, 57–116.

Hay, Jennifer (2002) "From Speech Perception to Morphology: Affix Ordering Revisited," *Language* 78, 527–555.

Hay, Jennifer and Ingo Plag (2004) "What Constrains Possible Suffix Combinations?" *Natural Language and Linguistic Theory* 22 (3), 565–596.

Hayes, Bruce (1989) "The Prosodic Hierarchy in Meter," *Phonetics and Phonology* 1, ed. by Paul Kiparsky and G. Youmans, 201–260, Academic Press, San Diego.

Hopper, Paul J. and Eizabeth Closs Traugott (1993) *Grammaticalization*, Cambridge University Press, Cambridge.

Hopper, Paul J. and Elizabeth Closs Traugott (2003) *Grammaticalization*, 2nd revised edition, Cambridge University Press, Cambridge.

Huddleston, Rodney and Geoffrey K. Pullum (2002) *The Cambridge Grammar of the English Language*, Cambridge University Press, Cambridge.

Hudson, Anne (1986) "Wyclif and the English Language," *Wyclif in his Times*, ed. by Anthony Kenny, 85–103, Clarendon Press, Oxford.

飯間浩明 (2014)『不採用語辞典』PHP 研究所, 東京.

Jackendoff, Ray (2010) *Meaning and the Lexicon: The Parallel Architecture 1975-2010*, Oxford University Press, Oxford.

Jensen, John (1993) *English Phonology*, John Benjamins, Amsterdam.

Jespersen, Otto (1938) *Growth and Structure of the English Language*, 10th edition, University of Chicago, Chicago, 1982.

影山太郎 (1989)「形態論・語形成論」『講座　日本語と日本語教育　第 11 巻　言語学要説 (上)』，崎山理 (編)，60–92，明治書院，東京.

影山太郎 (1993)『文法と語形成』ひつじ書房，春日部.

影山太郎・由本陽子 (1997)『語形成と概念構造』研究社出版，東京.

Kean, M-L. (1977) "The Linguistic Interpretation of Aphasic Syndromes," *Cognition* 5, 9–46.

Kiparsky, Paul (1982) "Lexical Morphology and Phonology," *Linguistics in the Morning Calm: Selected Papers from SICOL-1981*, 3–91, Hanshin, Seoul.

Kiparsky, Paul (1983) "Word-Formation and the Lexicon," *Proceedings of the Mid America Linguistics Conference*, ed. by F. Ingemann, 3–29, University of Kansas.

Kiparsky, Paul (1985) "Some Consequences of Lexical Phonology," *Phonology Yearbook* 2, 85–138.

Klinge, Alex (2009) "The Role of Configurational Morphology in Germanic Nominal Structure and the Case of English Noun-Noun Constellations," *Word Structure* 2, 155–183.

窪薗晴夫 (1995)『語形成と音韻構造』くろしお出版，東京.

Langacker, Ronald W. (1987) *Foundations of Cognitive Grammar*, Vol. I: Theoretical Prerequisites, Stanford University Press, Stanford.

Levi, Judith N. (1978) *The Syntax and Semantics of Complex Nominals*, Academic Press, New York.

Liberman, Mark and Richard Sproat (1992) "The Stress and Structure of Modified Noun Phrases in English," *Lexical Matters*, ed. by Ivan A. Sag and Anna Szabolcsi, 131–181, CSLI Publications, Stanford.

Lindberg, Conrad (1970) "The Manuscripts and Versions of the Wycliffite Bible: A Preliminary Study," *Studia Neopilologica* 42, 333–347.

Lindberg, Conrad (1984) "The Language of the Wyclif Bible," *Medieval Studies Conference Aahen 1983: Language and Literature*, ed.

by W. D. Bald and H. Weinstock, 103–110, Frankfurt, Lang.

Lindberg, Conrad (2005) "The Alpha and Omega of the Middle English Bible," *Text and Controversy from Wyclif to Bale: Essays in Honour of Anne Hudson*, ed. by Helen Barr and Ann Hutchison, 191–200, Brepols, Turnhout.

Lloyd, Cynthia (2011) *Semantics and Word Formation*, Peter Lang, Oxford & Others.

Lyons, John (1968) *Introduction to Theoretical Linguistics*, Cambridge University Press, Cambridge.

Marchand, Hans (1969) *The Categories and Types of Present-Day English Word-Formation: A Synchronic-Diachronic Approach*, C.H.Beck'sche Verlag, München.

Matthew, Peter H. (1974) *Morphology: An Introduction to the Theory of Word-Structure*, Cambridge University Press, Cambridge.

McMahon, April (1992) "Lexical Phonology and Diachrony," *History of Englishes*, ed. by Matti Rissanen et al., 167–190, Mouton de Gruyter, Berlin.

Mohanan, K. P. (1982) *Lexical Phonology*, Doctoral dissertation, MIT.

Mohanan, K. P. (1986) *The Theory of Lexical Phonology*, Ridel, Dortrecht.

Morita, Chigusa (2011) "Three Types of Direct Modification Aps," *Linguistic Research: Working Papers in English Linguistics 27*, 89–102, Tokyo University English Linguistics Association, University of Tokyo.

Murphy, M. Lynne (2010) *Lexical Meaning*, Cambridge University Press, Cambridge.

Nagano, Akiko (2010) "Subject Compounding and a Functional Change of the Derivational Suffix *-ing* in the History of English," *Studies in the English Language* V: Variation and Change in English Grammar and Lexicon — Contemporary Approaches, ed. by Robert A. Cloutier, Anne Marie Hamilton and William A. Kretzschmar, 111–139, Walter de Gruyter GmbH, Berlin & New York.

長野明子 (2015)「英語の関係形容詞―前置詞句の交替形としての分析
　　―」『現代の形態論と音声学・音韻論の視点と論点』(開拓社叢書
　　25), 西原哲雄・田中真一 (編), 2-20, 開拓社, 東京.

竝木崇康 (1985)『語形成』(新英文法選書 2), 大修館書店, 東京.

竝木崇康 (2013)「複合語と派生語」『レキシコンフォーラム』No. 6, 影
　　山太郎 (編), 43-57, ひつじ書房, 東京.

竝木崇康 (2009)『単語の構造の秘密―日英語の造語法を探る―』(開拓
　　社言語・文化選書 14), 開拓社, 東京.

Nespor, M. (1987) "Vowel Degemination and Fast Speech Rules,"
　　Phonology Yearbook 4, 61-85.

Nespor, M. and Irene Vogel (1986) *Prosodic Phonology*, Foris, Dor-
　　drecht.

Nespor, M. and Irene Vogel (1989) "On Class and Lapses," *Phonology
　　Yearbook* 6, 69-116.

Nespor, M. and Irene Vogel (2007) *Prosodic Phonology with a New
　　Forward*, Mouton de Gruyter, Berlin.

Nishihara, Tetsuo (1990) "Adjacency in Post-Lexical Rules of Lexical
　　Phonology," Unpublished Paper, Kyoto University of Foreign Stud-
　　ies.

西原哲雄 (1992)「Post-Lexical Module 内の音韻規則区分について」『甲
　　南英文学』7, 31-48.

西原哲雄 (1994a)「語構造のパラドックスと音律構造―経済性の原理と
　　の係り」『甲南英文学』9, 44-60.

西原哲雄 (1994b)「複合語の屈折と慣用化」『ことばの音と形』, 230-
　　238, こびあん書房, 東京.

西原哲雄 (2002)「Clitic Group の再構築化」『英語音声の諸相』西原哲
　　雄・南條健助 (編), 93-102, 日本英語音声学会.

西原哲雄 (2013)『文法とは何か―音韻・形態・意味・統語のインター
　　フェイス―』(開拓社言語・文化選書 40), 開拓社, 東京.

西原哲雄 (2016)「音律音韻論と音律範疇の枠組みと発展」『現代音韻論
　　の動向』, 日本音韻論学会 (編), 200-201, 開拓社, 東京.

大石強 (1988)『形態論』(現代の英語学シリーズ 4), 開拓社, 東京.

Palmer, Chris C. (2009) *Borrowings, Derivational Morphology, and*

Perceived Productivity in English, 1300-1600, Doctoral dissertation, University of Michigan.

Perlmutter, David (1988) "The Split-Morphology Hypothesis," *Theoretical Morphology*, ed. by Michal Hammond and Michael Noonan, 79-116, Academic Press, Orland.

Sauer, Hans (2004) "Lexicalization and Demotivation," *Morphology: An International Handbook on Inflection and Word-Formation*, Vol. 2, ed. by Geert Booij, Christian Lehmann, Joachim Mugdan and Stavros Skopeteas, 1625-1636, Walter de Gruyter, Berlin.

Scalise, Sergio (1986) *Generative Morphology*, 2nd edition, Foris, Dordrecht.

Scheer, Tobias (2011) *A Guide to Morphosyntax-Phonology Interface Theories*, Mouton de Gruyter, Berlin.

Selkirk, Elizabeth O. (1972) *The Phrase Phonology of English and French*, Doctoral dissertation, MIT. [Garland, New York.]

Selkirk, Elizabeth O. (1982) *The Syntax of Words*, MIT Press, Cambridge, MA.

Selkirk, Elizabeth O. (1984) *Phonology and Syntax*, MIT Press, Cambridge, MA.

島村礼子 (2014)『語と句と名付け機能——日英語の「形容詞＋名詞」形を中心に——』開拓社, 東京.

島村礼子 (2015)「英語の『名詞＋名詞』形は句か語か」『現代の形態論と音声学・音韻論の視点と論点』(開拓社叢書 25), 西原哲雄・田中真一 (編), 21-41, 開拓社, 東京.

島村礼子 (2017)「英語の段階的形容詞の非段階的解釈をめぐって——語と句の境界についての一考察——」『現代言語理論の最前線』(開拓社叢書 29), 西原哲雄・田中真一・早瀬尚子・小野隆啓 (編), 94-108, 開拓社, 東京.

Siegel, Dorothy (1974) *Topics in English Morphology*, Doctoral dissertation, MIT.

Sproat, Richard (1992) *Morphology and Computation*, MIT Press, Cambridge, MA.

Sproat, Richard (1993) "Morphological Non-separation Revisited,"

(Review Article: *Deconstructing Morphology*, by Rochelle Lieber, University of Chicago Press, Chicago, 1992), *Yearbook of Morphology 1992*, ed. by Geert Booij and Jaap van Marle, 235-258, Kluwer, Dordrecht.

Szpyra, Jolanta (1989) *The Phonology-Morphology Interface*, Routledge, London.

谷明信 (2008)「Chaucer の散文作品におけるワードペア使用」『ことばの響き』，今井光規・西村秀夫（編），89-116，開文社出版，東京.

谷口一美 (2018)「最新の構文文法研究の進展」『言語の認知とコミュニケーション』（言語研究と言語学の進展シリーズ 2），早瀬尚子（編），126-165，開拓社，東京.

外池滋生 (1976)「自然音韻論とはなにか」『月刊言語』9 月号，75-81.

Trips, Carola (2009) *Lexical Semantics and Diachronic Morphology*, Max Niemeyer Verlag, Tübingen.

Truswell, Robert (2004) "Non-restrictive Adjective Interpretation and Association with Focus," *Oxford University Working Papers in Linguistics, Philosophy and Phonetics 9*, ed. by Richard Ashdowne and Tom Finbow, 133-154.

Vogel, Irene (2009) "The Status of the Clitic Group," *Phonological Domains*, ed. by Janet Grijzenhout and B. Kabak, 15-46, Mouton de Gruyter, Berlin.

Wierzbicka, Anna (1986) "What's in a Noun? (Or: How Do Nouns Differ in Meaning from Adjectives?)," *Studies in Language* 10, 353-389.

Williams, Edwin (1981) "On the Notions 'Lexically Related' and 'Head of Word'," *Linguistic Inquiry* 12, 245-274.

安井稔・秋山怜・中村捷 (1976)『形容詞』（現代の英文法 7），研究社，東京.

Yonekura, Hiroshi (1985) *The Language of the Wycliffite Bible: The Syntactic Differences between the Two Versions*, Aratake Shuppan, Tokyo.

米倉綽 (2004)『チョーサーにおける語形成についての記述的研究』博士論文，筑波大学.

米倉綽（編）（2006）『英語の語形成――通時的・共時的研究の現状と課題』英潮社，東京.

米倉綽（2012）「後期中英語における接尾辞の生産性―― -ity と -ness の場合」，『ことばが語るもの』，米倉綽（編），213-248，英宝社，東京.

由本陽子（2011）『レキシコンに潜む文法とダイナミズム』（開拓社言語・文化選書 28），開拓社，東京.

Zimmer, Karl E. (1971) "Some General Observations about Nominal Compounds," *Working Papers on Language Universals* 5, C1-C21, Stanford University, Stanford.

[調査したテクスト・コーパス]

Davies, Mark (2008-) The Corpus of Contemporary American English (COCA): 560 million words, 1990-present. https://corpus.byu.edu./coca/ [COCA]

Forshall, Josiah and Frederic Madden eds. (1850) *The Holy Bible, Containing the Old and New Testaments, with the Apocryphal Books, in the Earlier English Versions Made from the Latin Vulgate by John Wycliffe and his Followers*, 4 vols., Clarendon Press, Oxford. Reprinted AMS Press, New York, 1982.

Lindberg, Conrad ed. (1959-1969) *MS.Bodley 959: Genesis-Baruch 3.20 in the Earlier Version of the Wycliffite Bible*, 5 vols., Almqvist & Wiksell, Stockholm.

Lindberg, Conrad ed. (1973) *The Earlier Version of the Wycliffite Bible*, Vol. 6: Baruch 3.20-end of OT edited from MS Christ Church 145, Almqvist & Wiksell, Stockholm.

Weber, Bobertus ed. (1969) *Biblia Sacra—Iuxta Vulgatam Versionem*, Wurttemobergische Bibelanstalt, Stuttgart.

[辞書]

『ブリタニカ国際大百科事典』（小項目電子辞書版），ブリタニカ・ジャパン，東京.

Deuter, Margaret et al., eds. (2015) *Oxford Advanced Leaner's Dic-*

tionary, 9th edition, Oxford University Press, Oxford. [OALD]

Kurath, Hans et al., eds. (1952–2001) *Middle English Dictionary*, University of Michigan Press, Ann Arbor. [MED]

松村明（編）（2006）『大辞林』（第3版），三省堂，東京.

Merriam-Webster Dictionary. https://www.merriam-webster.com/ [MWD]

大塚高信・中島文雄（監修）（1992）『新英語学辞典』研究社，東京.

Simpson, John A. and Edmund S. C. Weiner prepared (1989) *The Oxford English Dictionary*, 2nd edition on CD-R0M (version 4.0, 2009), Oxford University Press, Oxford. [OED]

新村出（編）（2018）『広辞苑』（第7版），岩波書店，東京.

Soanes, Catherine and Angus Stevenson, eds. (2005) *Oxford Dictionary of English*, 2nd edition, Oxford University Press, Oxford. [ODE]

索　引

1. 日本語は五十音順で，英語（で始まるもの）はアルファベット
   順で，最後に一括して並べている。
2. 数字はページ数を表す。

［あ行］

意味論　169
意味部門　120
インターフェイス　124, 129, 169
ウィクリフ　14, 21-23
ウィクリフ派英訳聖書　15, 17,
　20, 21, 25, 35, 43, 55-58, 167,
　168
ウルガタ／ウルガタ聖書　21, 22,
　24, 36, 44, 45, 56
英語本来の接尾辞　15, 54, 55,
　167
音韻句　142, 145, 152
音韻語　142, 145, 153-156, 158,
　159, 161, 162
音韻的発話　142, 143
音韻部門　7, 10, 120, 167
音韻論　169
音節末無声化規則　139, 140
音調句　142, 145
音律音韻論　141, 143, 146, 169
音律階層　141

［か行］

外心複合語　10
下位分類　75, 76, 100
下位類（下位タイプ）　74, 88, 89,
　95, 98, 118, 120
拡大順序付け仮説　127
関係形容詞　84, 85, 90-101, 111-
　113, 120, 168
慣用化　83, 134
記述属格　108
規定要素　4
脚韻詩　17
強勢移動　3
強勢付与規則　131
句強勢　64, 68, 83, 102, 104, 108,
　111, 116
屈折形態素　159
屈折形態論　6, 11
屈折接辞　3, 104, 134, 156, 161
クラスⅠ接辞　3, 124-127, 132,
　135-138, 153-155
クラスⅡ接辞　3, 124-127, 132,

181

135-138, 153-155
形態素　8, 9, 70, 112
形態素境界　157, 158
形態部門　10, 114, 116, 120, 167
形態論　5, 6, 8, 9, 167, 169
ゲルマン語系　164
限定詞　80, 105, 108
語彙音韻論　124, 129, 130, 132,
136, 169
語彙化　70-72, 82, 83, 100-102,
104, 105, 108, 109, 119-121, 168
語彙項目　4, 71, 82, 100, 117
語彙素　4, 5, 167
語彙的緊密性　78, 79, 84, 88, 110,
113, 114, 116, 168
語彙的緊密性の原理　78, 79, 81,
82, 90, 95, 97, 98, 106, 110, 115
語彙部門　114, 168
語彙目録　7
後期中英語　14, 16, 167
後期訳　21, 23-29, 32, 33, 36-39,
43-47, 50-57
合成語　70, 72, 77, 101, 113, 114
合成性　70, 83, 102, 116, 117
合成的（な意味）　66, 68, 69, 115
こう着接辞　154
構文形態論　12
語幹　3, 16, 62, 75, 80, 113, 167
語基　3, 4, 10, 26, 28, 30-34, 168
語境界　158
語形成　11, 114, 120, 167
語形成規則　7
語形変化反復　27, 28

語根　3, 167
語末（阻害音）無声化規則　161,
162
語用論　169
混成グループ　145

[さ行]

再音節化　151-153
最適性理論　163
再分析　103
指示対象　62, 63, 74, 76, 77, 86-
89, 93, 95
借用接尾辞　15, 16, 18, 30, 31, 37,
40, 45, 55-57, 167
写像規則　141
自由形態素　18
主要部　72-74, 76, 82, 89, 97
順序付けのパラドックス　137
初期中英語　15
初期訳　21, 23-29, 33, 36-38, 43-
47, 50-57
所有複合語　108
生産性　15, 17, 165
生産的　121
性質形容詞　62, 63, 75, 77, 84, 85,
90-93, 95-99, 115, 119, 168
生成音韻論　157, 162
生成形態論　11, 124
生成文法　168
生成文法理論　7, 10, 167
接辞グループ　142, 145, 149
接頭辞　2, 8, 9, 14, 73, 80

索 引　　183

接尾辞　2, 4, 8, 9, 14-16, 18, 26-
　33, 37, 40, 46-49, 52-57, 72, 73,
　91, 99, 105, 108, 113
総称的　74, 86, 93
属格　80, 90, 104-108
属格複合語　108

[た行]

ラテン語　14, 15, 21, 23, 24, 37,
　44, 45, 56, 57
弾音化　142, 143
段階性　63, 77
段階的（な形容詞）　62, 99, 109
短縮語　60
単純語　2, 3, 70, 112
中英語　14, 15, 17, 34, 50
超過　151
チョーサー　17, 20, 21
陳述　117, 120, 121
程度の副詞　62, 80, 81, 90, 99,
　115
同一接辞反復　27, 28
同義語並列　27, 34, 37
統語規則　79, 80, 84, 94
統語構造　80, 103, 116, 117, 120
統語部門　7, 10, 114, 116, 117,
　120, 167
頭字語　60

[な行]

内在的屈折　11

内心複合語　10
名付け　61, 121
名前　120-122

[は行]

ハイブリッド　17
派生形態論　6, 11
派生形容詞　112, 113
派生語　2, 4, 5, 14, 17, 18, 37-40,
　70, 72, 73, 104, 114
派生接辞　2-4, 104, 134
反意語並列　42
被規定要素　4
非こう着接辞　154
非指示的　74, 89, 94, 95, 106, 107,
　110
非段階的（な形容詞）　89, 91, 93,
　95, 98
複合語　2-5, 10, 14, 第2章
複合語強勢　64, 68, 108, 111, 112
複合名詞　4, 第2章
フランス語　14, 18
分析可能性　15, 17
文法化　19
文脈的屈折　11
分離形態論仮説　11
分類的（な）機能　72, 76, 88, 96,
　99, 103, 107
分類的修飾要素　76-78, 90, 91,
　96-98, 101, 120

[ま行]

右側主要部の規則　72
名詞的形容詞　90
メンタルレキシコン　10, 69
モーラ　113
モジュール形態論　114, 116, 117,
　120, 168
モジュール体系　7

[ら行]

ラテン語・フランス語系　164

リズム規則　149
類（タイプ）　74, 75, 85-89, 95,
　98, 117, 118, 120, 121
レキシコン　7, 10, 11, 68-71, 82,
　100, 102, 104, 117, 167
連濁　64, 109, 110, 163, 164

[英語]

it 置換規則　84
OCP 原則　163, 164
one 置換規則　84, 94, 119
[r] 音挿入規則　143

【執筆者紹介】

米倉　綽（よねくら　ひろし）

京都府立大学 名誉教授。専門分野は英語史，歴史英語学。
主要業績：“Compound Nouns in Late Middle English: Their Morphological, Syntactic and Semantic Description” (*From* Beowulf *to Caxton: Studies in Medieval Languages and Literature, Texts and Manuscripts*, Peter Lang, 2011)，『歴史的にみた英語の語形成』（開拓社，2015），“Some Considerations of Affixal Negation in Shakespeare” (*Studies in Middle and Modern English: Historical Variation*, Kaitakusha, 2017)，など。

島村　礼子（しまむら　れいこ）

津田塾大学 名誉教授。専門分野は形態論，語形成。
主要業績：『英語の語形成とその生産性』（リーベル出版，1990），“On Lexicalized Phrases” (*Empirical and Theoretical Investigations into Language: A Festschrift for Masaru Kajita*, ed. by Shuji Chiba et al., Kaitakusha, 2003)，「動作主を表す -er 名詞について——事象 -er 名詞と非事象 -er 名詞の区別を中心に」（米倉綽（編著）『英語の語形成——通事的・共時的研究の現状と課題——』，英潮社，2006），『語と句と名付け機能——日英語の「形容詞＋名詞」形を中心に——』（開拓社，2014），など。

西原　哲雄（にしはら　てつお）

宮城教育大学 教授。専門分野は音声学，音韻論，形態論。
主要業績：*Voicing in Japanese*（共著・共編，Mouton de Gruyter, 2005），*Current Issues in Japanese Phonology: Segmental Variation in Japanese*（共著・共編，Kaitakusha, 2013），“On the development of final [r] in British English”（共著，*KLS 35*（関西言語学会編），2015），『心理言語学』（朝倉日英対照言語学シリーズ発展編 2，共著・編集，朝倉書店，2017），『現代言語理論の最前線』（開拓社叢書 29，共著・共編，開拓社，2017），など。

英語の語の仕組みと音韻との関係　　　　<開拓社
　　　　　　　　　　　　　　　　　　言語・文化選書 80>

2019 年 6 月 27 日　　第 1 版第 1 刷発行

著作者　　米倉　綽・島村礼子・西原哲雄
発行者　　武村哲司
印刷所　　日之出印刷株式会社

発行所　　株式会社　開拓社
　　　　　　　　　　　　　　　　〒113-0023 東京都文京区向丘 1-5-2
　　　　　　　　　　　　　　　　電話　（03）5842-8900（代表）
　　　　　　　　　　　　　　　　振替　00160-8-39587
　　　　　　　　　　　　　　　　http://www.kaitakusha.co.jp

ⓒ 2019 H. Yonekura, R. Shimamura and T. Nishihara　　ISBN978-4-7589-2580-8　C1382

JCOPY ＜出版者著作権管理機構　委託出版物＞
本書の無断複製は著作権法上での例外を除き禁じられています。複製される場合は，その
つど事前に，出版者著作権管理機構（電話 03-3513-6969, FAX 03-3513-6979, e-mail:
info@jcopy.or.jp）の許諾を受けてください。